序言

　　我的職業，使我時時不能離開數學，數學中有些難的問題，我是毫無把握的，必須看書，或者問專家，但是對於中學生的數學，我卻有絕對的把握。

　　有一次，有一位年紀很大的人在補校念書，碰到了一些四則運算的問題，我才知道四則運算裡面的規則其實是不容易搞懂的，必須有人將這些規則很清楚地告訴你，你也要勤做練習，才不會出錯。

　　四則運算是代數的基礎，如果四則運算不熟，代數絕對學不好的，所以我決定出一本四則運算的書，寫這本書，我根據以下的原則：(1)講解得盡量清楚，(2)有大量的例子，(3)有大量的習題，(4)有答案，(5)增加歷年基測考題。

　　我一直在教一些小孩子，在他們進入國中的前後，我一定壓迫他們做完這本書的所有習題，根據我的經驗，因為這本書有很多的例題，那些小孩子只要看幾個例題，就會自己做習題了。

　　對於小孩子，我們絕對要將進度放慢，也就是任何規則，都最好成為一個小節，唯有如此，小孩子們才會對每一個規則都弄得很清楚，我這本書的章節有很多例題，也會做很多習題，這本書，使一些資質不太好的孩子，不會再對數學有所恐懼了。

李 家 同

如何教數學？如何學數學？

一、書的內容適合所有的學生

任何一本書，都應該有想到的讀者，這書的假想讀者是中學生，尤其是時下的國中學生，我們一定要知道，現在的國中生並不是考進去的，我們已經實行九年的義務教育，任何適齡的小學生都可以進入國中就讀，因此我們可以想像得到我們的國中生程度差距一定很大，有些孩子很聰明，有些並不是很聰明，寫這些書，必須能照顧到所有的國中生。

對於比較不聰明的中學生，我們採取的策略就是將進度變慢，任何一個孩子，如果學數學的時候慢慢來，他就不怕了。我們因此強調這一點，每一個小節，我們都大肆渲染，再不聰明的孩子，也學會了。

很多人覺得這本書對聰明小孩子不利，其實不然，因為聰明小孩會發現這本書很容易看，沒有老師也可以看得懂，不僅如此，這本書有些相當難的領域，我相信大多數的國中老師不會教這些玩意兒的，但是我們仍將這些領域放了進去，這些都是給聰明的孩子看的。

二、循序漸進的解釋方法

任何困難的數學問題都可以解釋清楚的，解釋的秘訣是「循序漸進」。我現在用三點共線來說明我的方法。

(1) 第一步，我先解釋二元一次方程式的幾何意義，對於任何一個二元一次方程式，我就會告訴同學如何找到滿足這個方程式平面上的兩點,將兩點連起來,就得到一條直線,學生做了很多這類題目以後,就會懂得為何一個二元一次方程式對應一條平面上的直線。

(2) 第二步,我要反過來,也就是有了平面上的兩個點以後,如何去找出這個通過此兩點的二元一次方程式,我說任何一個二元一次方程式可以用$y=ax+b$來表示,所以我們將兩點代入以後,就要解一組二元一次聯立方程式來決定a和b,這是很容易的事情,因為同學對於如何解這種聯立方程式已經很熟了。

(3) 有了以上的知識,要決定三點共線就易如反掌了,我們隨便取兩個點,求出通過此兩點的直線方程式,再將第三點代入,如能滿足,則三點共線,否則就不是了。

三、演算法的精神

演算法是計算機科學的名詞,意思說,如果要解決一個問題,你可以用一個有規則的方法,按部就班地做,就可以得到答案了,我在這本書也採用了這種精神。舉例來說,要解釋,以分數加法為例,要算分數加法,就要先將分母通分,然後再算分子,再將算好的分子加起來,以後必要的時候,還要執行約分。我們的作法是將這些步驟解釋得很清楚,同學們只要依樣畫葫蘆,答案就對了。

解二元一次聯立方程式,就有兩個演算法,第一個是代入消去法,第二個是加減消去法,兩個方法都有很詳細的解釋,也有很多的例子,同學們可以依照我們的建議來解一次聯立方程式,因為每一個演算法都有很清晰的解釋。

另一個例子就是分解因式,分解因式也有很多方法,每一個方法都等於一個演算法,每一個方法都可以得到答案,同學們必須對每一個方法都很熟悉,才能在真正碰到問題的時候,選擇一個適當的演算法來得到答案。

四、例題多,習題多

我們教數學,不能完全靠理解,熟能生巧仍是非常重要的,因此這兩種書都有很多的例題和習題,四則運算有438個例題,662個習題,84個歷年基測考題。

這些例題使得同學們幾乎可以自修,舉例來說,一位同學也許不懂為何一個二元一次直線方程式代表一條直線,但是他一直看那些例子以後,一定會瞭解的。

我可以說例子多使得讀者有成就感,大多數孩子們之所以對數學害怕,無非是因為他們以為數學是很難的,其實例子一多了,那有什麼值得害怕的地方。

例題也可以當作習題來看,同學們一開始的時候,可以看例題,知道這類問題的解法,解幾個例題以後,同學們可以只看例題的題目,然後自己來做,而且可以立刻核對答案,如果每次答案都對了,大概已經有把握了。

五、打好基礎,就可以解難題

數學之所以難,是因為數學有所謂基礎問題,同學們如果不會做某一類題目,其實是因為他的基礎不夠好的緣故。我現在就以因式分解為例。

要會做因式分解,我們先從多項式乘法開始,也就是說先做$(x+2)(x+3)$的展開。同學必須對這種展開非常熟悉,這樣他才能懂何謂因式分解。

第二個重要的基礎是乘法公式，如 $(x+y)^2 = x^2 + 2xy + y^2$、$(x+y)(x-y) = x^2 - y^2$ 等等，一旦對這些公式很熟了，我們就可以利用這些公式來做因式分解，比方說，我們一看到 $x^2 - 4$，就知道 $x^2 - 4 = (x+2)(x-2)$。

有了乘法公式以後，我們就可以有一個標準方法，就是所謂的配方法：$x^2 + 4x + 3 = (x^2 + 4x + 4) - 1 = (x+2)^2 - 1$

$$= (x+2+1)(x+2-1) = (x+3)(x+1)$$

我們也可以利用分離係數法，這個方法的根據是 $(x+a)(x+b) = x^2 + (a+b)x + ab$，所以我們只要猜猜 a 和 b，就完成因式分解。

用乘法公式，我們還可以得到一個標準的因式分解演算法，這個方法的根據仍然是 $(x+y)(x-y) = x^2 - y^2$。根據這個公式，我們可以得到

$$ax^2 + bx + c = a(x + \frac{b + \sqrt{b^2 - 4ac}}{2a})(x + \frac{b - \sqrt{b^2 - 4ac}}{2a})$$

依據以上我所列的五大重點，相信可以讓老師、家長以及學生，對學習數學和教導數學有個好的觀念。凡事持之以恆事情就成功了一半，祝大家將數學的根基打好、打穩。

目 次

Contents

四則運算

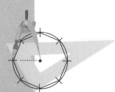

四則運算

第一章
正負數與其運算

生活中，我們大部分會利用正數來描述各種物品的大小、長短、輕重等，日常的交易，大多也是以正數來運算，本章的主要目的是要讓大家熟悉數的特性與其運算。

1.1 節　正數與負數

正數是大於 0 的數，負數是小於 0 的數，有了一個正數就有一個對應的負數，用符號代表數時就可以說成：每給一個正數 a，就有一個負數 $-a$，0 不是正數也不是負數，而 0 是一個「中性數」，整數包括正數、負數和 0。

例題

1-1 某人體重增加了 10 公斤，就記做 <u>+10</u>；減輕了 10 公斤，就記做 <u>-10</u>。

1-2 學校風紀股長管秩序，分成二組小朋友，甲組學生守秩序，得到四分，則記做 <u>+4</u> 分，乙組學生不守規矩，被扣三分，則記做 <u>-3</u> 分。

1-3 A 地為原點，「東邊」與「西邊」是相反的。若以 A 為原點，B 地在東邊，距離原點的位置為 9 公里，如果數學記為 <u>+9</u> 公里；則 C 地在西邊，距離原點的位置 7 公里，則數學就可記為 <u>-7</u> 公里。

1-4 支出與收入是相對的，如果收入 80 元就可記為 <u>80</u> 元或 <u>+80</u> 元，那麼支出 47 元可以表示成 <u>-47</u> 元。

1-5 用正負號來表示氣溫，攝氏 30 度可記為 <u>+30</u> 度，攝氏零下 25 度可記為 <u>-25</u> 度。

1-6 籃球比賽，如果輸 8 分用 -8 分來表示，則贏 10 分用 $+10$ 分表示。
$+$ 號有時可以省略的，$+8$ 可以記為 8。

數線

在一條直線上，任意取一點 0 當做基準點(也叫做原點)，取一定長度當做一個單位(叫做單位長)，0 的右邊為正數，左邊為負數，而這條線叫做數線。

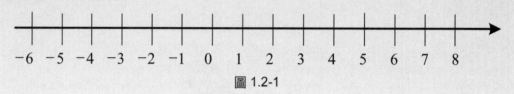

圖 1.2-1

1-7 畫出一條數線，分別標出 5 與 -6 的點(如圖 1.2-2)。

圖 1.2-2

1-8 畫出一條數線，分別標出 0.6 與 $-\dfrac{3}{4}$ 的點。(如圖 1.2-3)。

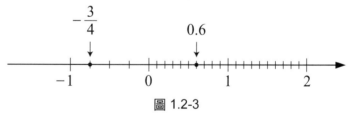

圖 1.2-3

1-9 在數線上畫出表示 -3.2 的點。(如圖 1.2-4)

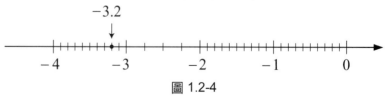

圖 1.2-4

1·10　在數線上畫出表示 $-2\frac{2}{3}$ 的點。（如圖 1.2-5）

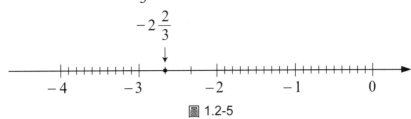

圖 1.2-5

相反數

在數線上分別位於原點的兩邊，且與原點距離相等的兩個點，這兩個點所代表的兩數，彼此互稱為相反數。例如 8 與 -8，這兩點分別位於原點的右邊及左邊，且兩點與原點的距離相等，所以 8 與 -8 互相為相反數。

1·11　1 與 -1 是不是互相為相反數？

（解） 1 與 -1 分別在原點的右、左側，而且與原點的距離相等。所以 1 與 -1 是互相為相反數。

1·12　7 與 -8 是不是互相為相反數？

（解） 7 與 -8 雖然在原點的兩側但與原點的距離不同，所以 7 與 -8 不是互相為相反數。

1·13　-12 與 -17 是不是互相為相反數？

（解） -12 與 -17 在原點的同側，所以 -12 與 -17 不是互相為相反數。

數的大小

在數線上，正數所有的點都在原點的右邊，負數所有的點都在原點的左邊，所以說正數都大於 0，負數都小於 0。越右邊的數越大，越左邊的數越小。因此，我們如果在數線上任取兩點，右邊的點一定大於左邊的點。

1.14 試比較 7、–6、5、–4、3 的大小。

(解) 如下圖所示 $-6 < -4 < 3 < 5 < 7$

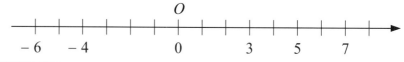

1.15 試比較 –1、–3、–6、2、5 的大小。

(解) 如下圖所示 $-6 < -3 < -1 < 2 < 5$

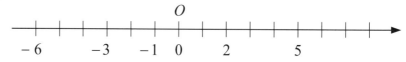

絕對值

在數線上，表示一個數的點與原點之距離，我們稱為這個數的絕對值。

如圖 1.3-1，5 這個點距離原點有 5 個單位長，所以 5 的絕對值是 5，表示成 $|5| = 5$，讀做 5 的絕對值。–5 這個點距離原點有 5 個單位長，所以 –5 的絕對值是 5，表示成 $|-5| = 5$。另外，0 的絕對值仍是 0，表示成 $|0| = 0$。此外，5 與 –5 互為相反數，兩數的絕對值也相同。

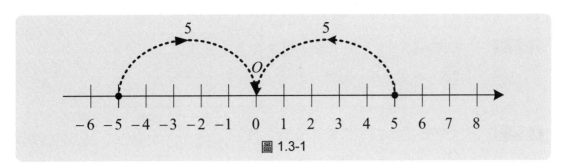

圖 1.3-1

1-16 分別寫出 -1、3、-10、-7.4、$-\dfrac{4}{5}$ 的絕對值。

(解) $|-1| = 1$，$|3| = 3$，$|-10| = 10$，$|-7.4| = 7.4$，$\left|-\dfrac{4}{5}\right| = \dfrac{4}{5}$

1-17 分別寫出 -2、4、6、-5、11 的絕對值。

(解) $|-2| = 2$，$|4| = 4$，$|6| = 6$，$|-5| = 5$，$|11| = 11$

1-18 分別寫出 -32、7、2.33、$2\dfrac{3}{4}$ 的絕對值的大小。

(解) $|-32| = 32$，$|7| = 7$，$|2.33| = 2.33$，$\left|2\dfrac{3}{4}\right| = 2\dfrac{3}{4} = 2.75$

$|-32| > |7| > \left|2\dfrac{3}{4}\right| > |2.33|$

1-19 若 $|甲| = 4$，則甲數是多少？

 甲數距離原點為 4，甲數在左右二側。

甲數 $= \pm4$

1-20 若 $|乙| = 1.5$，則乙數是多少？

 乙數距離原點為 1.5，乙數在左、右二側。

乙數 $= \pm1.5$

1.21 若 $|甲| + |乙| = 0$，則甲數、乙數各是多少？

解 甲數 $= 0$，乙數 $= 0$。

1.22 若甲數是正數，乙數是負數，$|甲| = |乙|$，則甲 $+$ 乙 $= ?$

解 假設甲數 $= 2$，乙數 $= -2$

甲 $+$ 乙 $= 2 - 2 = 0$

1.23 (1)絕對值小於 6 的正整數有哪幾個？

(2)絕對值小於 6 的負整數有哪幾個？

解 (1)正整數有 $1，2，3，4，5$。

(2)負整數有 $-1，-2，-3，-4，-5$。

1.24 (1)絕對值小於 5 的正整數有哪幾個？

(2)絕對值小於 5 的負整數有哪幾個？

解 (1)正整數有 $1，2，3，4$。

(2)負整數有 $-1，-2，-3，-4$。

1.25 若 c 為一個整數且 $|c| \leq 4$，則 c 可能為哪些整數？c 有多少個？

解 $c = \pm 1，\pm 2，\pm 3，\pm 4，0$

c 有 9 個。

1.26 若甲數為一個整數且 $|甲| < 7$，則甲數可能為哪些整數？甲數有多少個？

解 甲數 $= \pm 1，\pm 2，\pm 3，\pm 4，\pm 5，\pm 6，0$

甲數有 13 個。

歷年基測考題

1. （　）關於絕對值的計算，下列哪一個選項是正確的？【90.題本一】

    (A) $\left|-9\right|+\left|-8\right|=1$　　(B) $\left|-9\right|-\left|+8\right|=1$

    (C) $\left|-6\right|+\left|-8\right|=-14$　(D) $\left|-6\right|-\left|8\right|=2$

解答：B

詳解：(A) $\left|-9\right|+\left|-8\right|=9+8=17$　(B) $\left|-9\right|-\left|+8\right|=9-8=1$

    (C) $\left|-6\right|+\left|-8\right|=6+8=14$　(D) $\left|-6\right|-\left|8\right|=6-8=-2$

---

2. （　）如圖，數線上 O 為原點，數線上的點 P、Q、R、S 所表示的數分別為 a、b、c、d。請問下列哪一個大小關係是<u>不正確</u>的？【92.基本學測一】

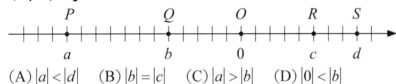

    (A) $\left|a\right|<\left|d\right|$　(B) $\left|b\right|=\left|c\right|$　(C) $\left|a\right|>\left|b\right|$　(D) $\left|0\right|<\left|b\right|$

解答：A

詳解：$a=-12$，$b=-5$，$c=5$，$d=8$ (A) $\left|a\right|<\left|d\right|$

---

3. （　）已知在數線上，O 為原點，A、B 兩點的座標分別為 a、b。利用下列 A、B、O 三點在數線上的位置關係，判斷哪一個選項中的 $\left|a\right|<\left|b\right|$？

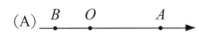

解答：B

詳解：(B) $\left|a\right|<\left|b\right|$

正數與負數

1.1 若支出與收入是相對的，收入為正，支出為負，如果昨天收入為 100 元可以記為？如果今天支出 200 元可以記為？

1.2 若用正負號來表示氣溫，0 度以上為正，以下為負，則攝氏零下 20 度可記為＿＿＿＿度。

1.3 畫出一條數線，分別標出 2 與 –4 的點。

1.4 畫出一條數線，分別標出 5 與 –3 的點。

1.5 畫出一條數線，分別標出 $2\frac{2}{3}$ 的點。

1.6 5 與 –4 是不是互相為相反數？

1.7 3 與 –3 是不是互相為相反數？

1.8 –5 與 –7 是不是互相為相反數？

1.9 試比較 –4、–3、–6、0、3 的大小。

1.10 試比較 –6、–3、–6.5、1、0.5 的大小。

1.11 試比較 $-2\frac{1}{2}$、–3、–2、2 的大小。

1.12 分別寫出 $1\frac{2}{3}$、2、–3.1、2.9、–1.1 的絕對值。

四則運算

1-13 分別寫出 $-3\frac{1}{3}$、$4\frac{5}{6}$、3.3、-5.7、12 的絕對值，並且比較大小。

1-14 若 $|乙| = 1.5$，則乙數是多少？

1-15 若 $|甲| = 2.8$，則甲數是多少？

1-16 若甲數是正數，乙數是負數，$|甲| = |乙|$，則甲+乙 = ？

1-17 (1)絕對值小於 7 的正整數有哪幾個？
(2)絕對值小於 7 的負整數有哪幾個？

1-18 若 A 為一個整數且 $|A| \leq 3$，則 A 可能為哪些整數？A 有多少個？

1-19 若甲數為一個整數且 $|甲| < 6$，則甲數可能為哪些整數？
甲數有多少個？

1-20 絕對值小於 8 的整數有哪幾個？共有幾個？

1-21 比 -6 大 8 是多少？

1-22 比 -4 小 3 是多少？

1-23 -4 與 -14 在數線上所表示兩點的距離是多少？

1-24 6 與 -8 在數線上所表示兩點的距離是多少？

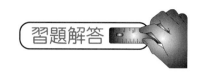

習題	解答
1-1	+100 或 100，−200
1-2	−20
1-3	 -4 指向，2 指向 數線 −6 −5 −4 −3 −2 −1 0 1 2 3 4 5 6 7 8
1-4	 -3 指向，5 指向 數線 −6 −5 −4 −3 −2 −1 0 1 2 3 4 5 6 7 8
1-5	 $2\frac{2}{3}$ 指向 數線 −1 0 1 2
1-6	不是
1-7	是
1-8	不是
1-9	如下圖所示 $-6 < -4 < -3 < 0 < 3$ O 數線 −6 −4 −3 0 3
1-10	如下圖所示 $-6.5 < -6 < -3 < 0.5 < 1$ −6.5 0.5 數線 −6 −3 0 1

四則運算

1-11	如下圖所示 $-3 < -2\frac{1}{2} < -2 < 2$ $-2\frac{1}{2}$
1-12	$\left|1\frac{2}{3}\right| = 1\frac{2}{3}$, $\left|2\right| = 2$, $\left|-3.1\right| = 3.1$, $\left|2.9\right| = 2.9$, $\left|-1.1\right| = 1.1$
1-13	$\left|-3\frac{1}{3}\right| = 3\frac{1}{3}$, $\left|4\frac{5}{6}\right| = 4\frac{5}{6}$, $\left|3.3\right| = 3.3$, $\left|-5.7\right| = 5.7$, $\left|12\right| = 12$ $\left|12\right| > \left|-5.7\right| > \left|4\frac{5}{6}\right| > \left|-3\frac{1}{3}\right| > \left|3.3\right|$
1-14	± 1.5
1-15	± 2.8
1-16	0
1-17	(1)1,2,3,4,5,6 (2)$-1, -2, -3, -4, -5, -6$
1-18	± 1 , ± 2 , ± 3 , 0 , 共 7 個
1-19	± 1 , ± 2 , ± 3 , ± 4 , ± 5 , 0 , 共 11 個
1-20	± 1 , ± 2 , ± 3 , ± 4 , ± 5 , ± 6 , ± 7 , 0 , 共 15 個
1-21	2
1-22	-7
1-23	10
1-24	14

我們過去都很熟悉正數的加減，如 $5+7=12$，$9+12=21$ 等等，在這一節，我們要考慮負數在內的加減。我們現在的正負數加減在下一節討論。

一、首先，我們不妨回想一下負數的意義，如果我們欠人家 50 元，我們的財產就是 -50，現在如果我們賺了 30 元，我們當然只欠 20 元了。所以我們可以說 $-50+30=-20$

如果我們現在賺了 70 元，我們的財產當然是 20 元了。所以我們可以說 $-50+70=20$ 如果我們賺了 50 元，我們的財產是 0，所以 $-50+50=0$

二、有了這種想法以外，我們不妨再從數線來看這個問題。首先看 -5 在數線上的位置，如下圖所示：

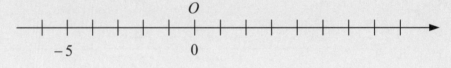

四則運算

2-1 什麼是 $-5+3$ 呢？"$+$" 是將數線往右移，$+3$ 就是將數線向右移 3 格，如下圖，就是描寫 $-5+3$

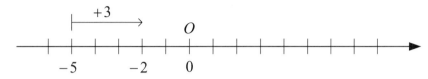

所以 $-5+3 = -2$

2-2 什麼是 $-5+7$ 呢？無非是將數線向右移 7 格，如下圖所示：

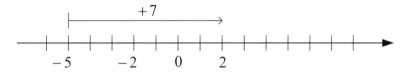

所以 $-5+7 = +2$

2-3 什麼是 $-5-3$ 呢？"$-$" 是將數線往左移，-3 就是將數線向左移 3 格，如下圖所示：

所以 $-5-3 = -8$

2-4 什麼是 $4-6$ 呢？$4-6$ 的意思是將 4 的數線往左移 6 格，如下圖所示：

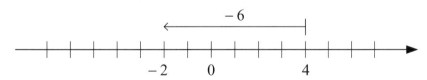

2.5 $-3+4=+1$

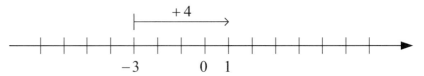

2.6 $4-6=-2$

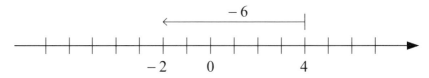

2.7 $-4+8=4$

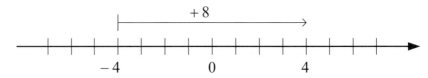

2.8 $-5-3=-8$

2.9 $-7-2=-9$

2.10 $-6+6=0$

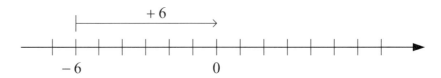

四則運算

練習題（畫數線，做答案）

2-1　　　$2-8=$

2-2　　　$-4+6=$

2-3　　　$-5-4=$

2-4　　　$-2-5=$

解題口訣背誦法

$3+4=7$	二個正號時，數字相加，最後是正號。
$-5-3=-(5+3)=-8$	二個負號時，數字相加，最後是負號。
$-4+6=6-4=2$	一個正號一個負號時，數字相減，再觀察數字，如大的是正號，最後答案給予正號。
$3-9=-6$	一個正號一個負號時，數字相減，再觀察數字，如大的是負號，最後答案給予負號。

正負整數的簡單加減

2.1 $-9-10=$

2.2 $-13-6=$

2.3 $-15-3=$

2.4 $-16-14=$

2.5 $-7-15=$

2.6 $-4-11=$

2.7 $-8+10=$

2.8 $-6+9=$

2.9 $-11+4=$

2.10 $-15+6=$

2.11 $-9+18=$

2.12 $4-11=$

2.13 $3-15=$

2.14 $19-11=$

四則運算

2-**15** $13 - 17 =$

2-**16** $12 - 13 =$

正負整數的簡單加減

習題	解答	習題	解答
2-1	−6	2-2	2
2-3	−9	2-4	−7

習題	解答	習題	解答
2-1	−19	2-2	−19
2-3	−18	2-4	−30
2-5	−22	2-6	−15
2-7	2	2-8	3
2-9	−7	2-10	−9
2-11	9	2-12	−7
2-13	−12	2-14	8
2-15	−4	2-16	−1

四則運算

1.3 節　有括弧的正負數加減

如果加減時有負數，又有括弧，就會碰到以下的情形：5－(−3)

我們必須先搞懂−(−3)是什麼，−3在數線上的情形如下圖：

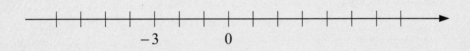

1. 在(−3)前面加一個"−"號，就是要將(−3)移到數線上的另一側，
   而且是絕對值相等的位置，如下圖：

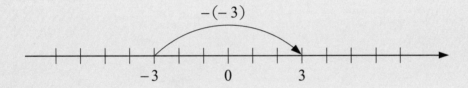

因此 −(−3)＝3

2. 如果我們要問 −(+3)等於多少，我們也要同樣的做法，將(+3)移
   到數線上 0 的另一側，而且是在絕對值相等的位置，如下圖：

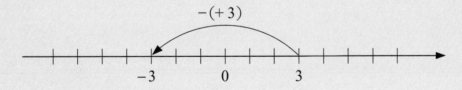

所以−(+3)＝−3

至於+(−5)＝−5，我們就不做任何移動，因此

+(−5)＝−5

+(+5)更容易了，+(+5)＝5

根據以下的說法，我們有以下的原則：

1. 任何一個數，如果將它加上 "−" 號，則此數被移到數線上 0 點的另一側，絕對值相等的位置。

2. 任何一個數，如果將它加上 "+" 號，則此數不變。

簡單一點的說法，"−" 號使原數的符號變號，正的變成負的，負的變成正的。"+" 號不會改變一個數的符號

$+(+)$ $+$ ⟶

$+(-)$ $-$ ⟶

$-(+)$ $-$ ⟶

$-(-)$ $+$ ⟶

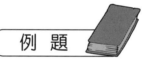

例 題

3.1
$$+(+7) = 7$$
$$+(-7) = -7$$
$$-(+7) = -7$$
$$-(-7) = +7$$

3.2
$$+(+3) = 3$$
$$+(-3) = -3$$
$$-(+3) = -3$$
$$-(-3) = +3$$

有了以上的規則，我們就可以做有括弧的正負數加減了。

3.3
$$(-3)+(-4) = -3-4 = -7$$

3.4　　$(-4)-(-3) = -4+3 = -1$

3.5　　$(-7)-(-9) = -7+9 = 2$

3.6　　$(5)-(-10) = 5+10 = 15$

3.7　　$(-5)-(+7) = -5-7 = -12$

3.8　　$(6)-(-3) = 6+3 = 9$

3.9　　$(1)+(-1) = 1-1 = 0$

3.10　　$(-1)+(-1) = -1-1 = -2$

3.11　　$(7)-(-2) = 7+2 = +9$

3.12　　$(5)-(-6) = 5+6 = 11$

3.13　　$(-5)-(-6) = -5+6 = 1$

3.14　　$(5)-(+6) = 5-6 = -1$

3.15　　$(7)-(+2) = 7-2 = 5$

有括弧的正負數加減

歷年基測考題

1. （　　）若『⊕』是一個對於 1 與 0 的新運算符號，且其運算規則如下：
$1 \oplus 1 = 0$，$1 \oplus 0 = 1$，$0 \oplus 1 = 1$，$0 \oplus 0 = 0$。則下列四個運算結果哪一個是正確的？【90.基本學測一】

(A)$(1 \oplus 1) \oplus 0 = 1$　　　　(B)$(1 \oplus 0) \oplus 1 = 0$

(C)$(0 \oplus 1) \oplus 1 = 0$　　　　(D)$(1 \oplus 1) \oplus 1 = 0$

解答：B

詳解：(A)$(1 \oplus 1) \oplus 0 = 0 \oplus 0 = 0$　　　(B)$(1 \oplus 0) \oplus 1 = 1 \oplus 1 = 0$

(C)$(0 \oplus 1) \oplus 1 = 1 \oplus 1 = 0$　　　(D)$(1 \oplus 1) \oplus 1 = 0 \oplus 1 = 1$

習題

3-1　　$-7 - 12 =$

3-2　　$-3 - 10 =$

3-3　　$-15 - 13 =$

3-4　　$-12 - 15 =$

3-5　　$-7 - 5 =$

3-6　　$-9 - 12 =$

3-7　　$1 - 7 =$

3-8　　$-8 + 15 =$

四則運算

3.9 $7+(-22)=$

3.10 $(-23)+15=$

3.11 $13+(-7)=$

3.12 $(-9)+15=$

3.13 $10+(-17)=$

3.14 $(-3)+12=$

3.15 $10+(-18)=$

3.16 $(-8)+13=$

3.17 $12-(-7)=$

3.18 $13-(-15)=$

3.19 $18-(-19)=$

3.20 $21-(-17)=$

3.21 $27-(-9)=$

3.22 $16-(-47)=$

3.23 $(-20)-(-13)=$

有括弧的正負數加減

3.24 $(-17)+(-23)=$

3.25 $(-10)-(-4)=$

3.26 $(-19)-(-35)=$

3.27 $(-2)-(-1)=$

3.28 $(-1)-(-1)=$

3.29 $(-10)-15=$

3.30 $(-24)-2=$

3.31 $(-34)-22=$

3.32 $(-14)-16=$

3.33 $(-59)-18=$

3.34 $(-20)-20=$

3.35 $12+(+8)=$

3.36 $16+(-15)=$

3.37 $20-(+13)=$

3.38 $58-(-17)=$

3.39 $28+(-16)=$

3.40 $90-(53)=$

3.41 $(-7)+(-12)=$

3.42 $12+(+8)=$

3.43 $1+(-7)=$

3.44 $12-(-7)=$

3.45 $(-10)-15=$

3.46 $(-20)-(-13)=$

3.47 $(-12)-(-6)=$

有括弧的正負數加減

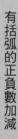

習題	解答	習題	解答
3-1	−19	3-2	−13
3-3	−28	3-4	−27
3-5	−12	3-6	−21
3-7	−6	3-8	7
3-9	−15	3-10	−8
3-11	6	3-12	6
3-13	−7	3-14	9
3-15	−8	3-16	5
3-17	19	3-18	28
3-19	37	3-20	38
3-21	36	3-22	63
3-23	−7	3-24	−40
3-25	−6	3-26	16
3-27	−1	3-28	0
3-29	−25	3-30	−26
3-31	−56	3-32	−30
3-33	−77	3-34	−40
3-35	20	3-36	1
3-37	7	3-38	75
3-39	12	3-40	37

四則運算

3-41	−19	3-42	20
3-43	−6	3-44	19
3-45	−25	3-46	−7
3-47	−6		

有括弧的正負數加減

1.4 節　整數的乘除法

整數的乘除法與正整數的乘除法大致相同，只不過整數的乘除法多了要判斷積的正負號，也就是上一節所說的符號規則。

正正得正…………++⇒+如　$(5)\times(3)=15$，$(15)\div(3)=5$

正負得負…………+−⇒−如　$(5)\times(-3)=-15$，$(15)\div(-3)=-5$

負正得負…………−+⇒−如　$(-5)\times(3)=-15$，$(-15)\div(3)=-5$

負負得正…………−−⇒+如　$(-5)\times-3=15$，$(-15)\div(-3)=5$

例　題

4-1

(1) $3\times4=12$

(2) $3\times(-4)=-12$

(3) $(-3)\times4=-12$

(4) $(-3)\times(-4)=12$

(5) $12\div3=4$

(6) $(-12)\div3=-4$

(7) $12\div(-3)=-4$

(8) $(-12)\div(-3)=4$

4-2

(1) $2\times4=8$

(2) $3\times(-8)=-24$

(3) $(-13)\times10=-130$

(4) $(-32)\times(-14)=448$

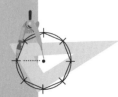

四則運算

(5) $15 \times 12 = 180$

(6) $11 \times (-21) = -231$

(7) $(-32) \times 12 = -384$

(8) $(-15) \times (-16) = 240$

4.3

(1) $36 \div 3 = 12$

(2) $(-48) \div 4 = -12$

(3) $56 \div (-28) = -2$

(4) $(-14) \div (-2) = 7$

(5) $12 \div 3 = 4$

(6) $(-24) \div 12 = -2$

(7) $84 \div (-21) = -4$

(8) $(-30) \div (-5) = 6$

4.4

$5 \times 4 \times 3 = (5 \times 4) \times 3 = 20 \times 3 = 60$

$5 \times 4 \times 3 = 5 \times (4 \times 3) = 5 \times 12 = 60$

4.5

$204 \div (-4) \div 3 = (-51) \div 3 = -17$

$125 \div [25 \div (-5)] = 125 \div (-5) = -25$

4.6

$84 \div [(-7) \times (-12)] = 84 \div 84 = 1$

$84 \div (-7) \div (-12) = (-12) \div (-12) = 1$

4.7

$144 \div 12 \times (-13) = 12 \times (-13) = -156$

4.8

$156 \div (-12) \times 4 = (-13) \times 4 = -52$

4.9

$14 + 8 \times 9 = 14 + 72 = 86$

4.10

$61 + 5 \times (-7) = 61 - 35 = 26$

4-11 $360 \div (-12) + (-4) = (-30) + (-4) = -34$

4-12 $56 \div (-7) + 50 = -8 + 50 = 42$

4-13 $76 \times (-3) + 24 \times (-3)$

$= (-228) + (-72)$

$= -300$

4-14 $4 \div (-4) + 9 \times 13 = (-1) + 117 = 116$

4-15 $[(-6) \times 2 - 8 \times (-3)] \div 4$

$= [(-12) + 24] \div 4$

$= 12 \div 4 = 3$

4-16 $12 + (-3) \times [24 - (-3) \times (-2)] \div 3$

$= 12 + (-3) \times [24 - (+6)] \div 3$

$= 12 + (-3) \times [18] \div 3$

$= 12 + (-54) \div 3$

$= 12 + (-18) = -6$

4-17 $(12 \times 2 + 3 \times 3) \div [5 - (-6)]$

$= (24 + 9) \div (5 + 6)$

$= 33 \div 11 = 3$

4-18 $22 - 8 \div 2 \times [2 - (-3)]$

$= 22 - 4 \times (2 + 3)$

$= 22 - 4 \times 5$

$= 22 - 20 = 2$

4.19
$$(10-3)\div(-7)\times2$$
$$=7\div(-7)\times2$$
$$=(-1)\times2$$
$$=-2$$

7.20
$$[(-3)+5]\times6+[(-3)-(-5)]\times2$$
$$=(2)\times6+[(-3)+5]\times2$$
$$=12+(2)\times2$$
$$=12+4$$
$$=16$$

4.21
$$[(-10)\times2+3]+[(-3)-5]$$
$$=[(-20)+3]+(-8)$$
$$=(-17)+(-8)$$
$$=-25$$

4.22
$$[(-3)+5]\times2+[(-3)-(-5)]\times3$$
$$=(2)\times2+[(-3)+5]\times3$$
$$=4+(2)\times3$$
$$=4+6$$
$$=10$$

整數的乘除法

33

4.1　$(-2) \times 8 =$

4.2　$63 \div (-7) =$

4.3　$3 \times (-8) =$

4.4　$(-15) \times (-12) =$

4.5　$(-4) \times 21 =$

4.6　$(-13) \times (-10) =$

4.7　$(-14) \div (-2) =$

4.8　$29 \times (-32) =$

4.9　$(-15) \times (-16) =$

4.10　$7 \times (-23) =$

4.11　$(-17) \times 1 =$

4.12　$23 \times (-24) =$

4.13　$(-32) \times 14 =$

4.14　$(-26) \times (-35) =$

四則運算

4-15　　$33 \times (-18) =$

4-16　　$(-24) \div 12 =$

4-17　　$84 \div (-21) =$

4-18　　$(-121) \div (-11) =$

4-19　　$32 \div (-8) =$

4-20　　$11 \times (-21) =$

4-21　　$76 + 24 \times (-3) =$

4-22　　$15 + 99 \div (-3) =$

4-23　　$76 \times (-3) + 24 \times (-3) =$

4-24　　$(-32) \times 12 - 18 =$

4-25　　$96 \div \left[(-8) \div (-4) \right] =$

4-26　　$4 \times (-8) \times (-5) =$

4-27　　$55 \div 5 \times (-7) =$

4-28　　$81 \div (-9) \times (-3) =$

4-29　　$(-30) \div 5 \times (-8) =$

整數的乘除法

4.30 $(76+24)\times(-3)=$

4.31 $63\div(-7)\times9=$

4.32 $36\times(-3)\div2=$

4.33 $4\div(-4)+9\times13=$

4.34 $56-(-8)\times(-7)=$

4.35 $72\div(-4)\times(-1)=$

4.36 $12\times(2+3)\div2-(-6)\times5=$

4.37 $[(-8)+(-4)]\times[(-12)\div(-6)]=$

4.38 $(12\times2+3\times3)\div[5-(-6)]=$

4.39 $22-8\div2\times[2-(-3)]=$

4.40 $[(-5)\times(-3)+15]\div(-6)=$

習題	解答	習題	解答
4-1	−16	4-2	−9
4-3	−24	4-4	180
4-5	−84	4-6	130
4-7	7	4-8	−928
4-9	240	4-10	−161
4-11	−17	4-12	−552
4-13	−448	4-14	910
4-15	−594	4-16	−2
4-17	−4	4-18	11
4-19	−4	4-20	−231
4-21	4	4-22	−18
4-23	−300	4-24	−402
4-25	48	4-26	160
4-27	−77	4-28	27
4-29	48	4-30	−300
4-31	−81	4-32	−54
4-33	116	4-34	0
4-35	18	4-36	60
4-37	−24	4-38	3
4-39	2	4-40	−5

整數的乘除法

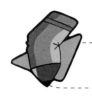

1.5 節　整數的四則運算

有內外括號的四則運算要注意三點法則：

(1) 從最內層的小括號開始算起。

(2) 運算時要注意上一節所說的符號法則：

　　正正得正、正負得負、負正得負、負負得正。

(3) 括號內的運算也要遵守先乘除後加減的規則。

例　題

5-1　　$(1+2)-(5+1)$
　　　　$=3-6=-3$

5-2　　$(3+2)-(5-7)$
　　　　$=5-(-2)=5+2=7$

5-3　　$[(3-1)+(2-5)]+[(2+1)-(3+2)]$
　　　　$=[2+(-3)]+(3-5)$
　　　　$=(2-3)+(3-5)$
　　　　$=(-1)+(-2)=-3$

5.4

$$\left[(3+5)-(2-4)\right]-\left[(2+2)-(4+2)\right]$$
$$=\left[8-(-2)\right]-(4-6)$$
$$=(8+2)-(4-6)$$
$$=10-(-2)=10+2=12$$

5.5

$$\left[2\times(2+1)-5\times(2-4)\right]-3$$
$$=\left[2\times3-5\times(-2)\right]-3$$
$$=\left[6-(-10)\right]-3$$
$$=\left[6+10\right]-3=16-3=13$$

5.6

$$\left[3\times(2-3)-2\times(5+1)\right]\div(2+1)$$
$$=\left[3\times(-1)-2\times6\right]\div3$$
$$=\left[-3-12\right]\div3$$
$$=(-15)\div3=-5$$

5.7

$$7\times(4+1)\times(4-2)-4\div(-8+10)$$
$$=7\times5\times2-4\div2$$
$$=70-2=68$$

5.8

$$\left[(7\times2-3)-4+10\div(3+2)\right]\times4-5\times2$$
$$=\left[(14-3)-4+10\div5\right]\times4-5\times2$$
$$=\left[11-4+2\right]\times4-5\times2$$
$$=9\times4-5\times2$$
$$=36-10$$
$$=26$$

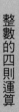

整數的四則運算

5-9

$$\left\{[5\times3-(-3)\times3]\div[(-4)\times4-8\div(-2)]+3\right\}\times3-1$$
$$=\left\{[15-(-9)]\div[(-16)-(-4)]+3\right\}\times3-1$$
$$=\left\{[15+9]\div[(-16)+4]+3\right\}\times3-1$$
$$=\left\{24\div(-12)+3\right\}\times3-1$$
$$=\left\{-2+3\right\}\times3-1$$
$$=1\times3-1$$
$$=2$$

5-10

$$[5\times4-2\times(3+1)]\times[(-6)\times2-8]+105\div(-5)$$
$$=[5\times4-2\times4]\times[(-12)-8]+(-21)$$
$$=(20-8)\times(-20)+(-21)$$
$$=12\times(-20)+(-21)$$
$$=-240-21$$
$$=-261$$

四則運算

1. (　　) 有關右邊的式子：$24-2\square 11=2$，在□中要填入$+$、$-$、$\times$、$\div$中的哪一種運算符號才可使等號成立？【90.題本二】

(A)$+$　(B)$-$　(C)$\times$　(D)$\div$

解答：C

詳解：$24-2\times 11=2$

---

2. (　　) 計算$9+(-2)\times[18-(-3)\times 2]\div 4$之值為何？【91.基本學測二】

(A)-3　(B)3　(C)21　(D)42

解答：A

詳解：$9+(-2)\times[18-(-6)]\div 4=9+(-2)\times 24\div 4=9+(-12)=-3$

---

3. (　　) 計算$(-12)+(-18)\div(-6)-(-3)\times 2$之值為何？

(A)-15　(B)-3　(C)11　(D)16

解答：B

詳解：$(-12)+(-18)\div(-6)-(-3)\times 2=(-12)+3+6=-3$

---

4. (　　) 計算$19-(-2)\times[(-12)-7]$之值為何？

(A)-1　(B)-19　(C)19　(D)47

解答：B

詳解：$19-(-2)\times[(-12)-7]=19-(-2)\times(-19)=19-38=-19$

---

5. (　　) 已知$10\times 11\times 12\times 13\times 14=240240$，則$(-11)\times(-12)\times(-13)\times(-14)\times(-15)=$？

(A)320320　(B)360360　(C)-320320　(D)-360360

解答：D

詳解：$(-11)\times(-12)\times(-13)\times(-14)\times(-15)=-(10\times 11\times 12\times 13\times 14)\times 15\div 10$

$=-240240\times 15\div 10=-360360$

整數的四則運算

6. (   )計算$12-7\times(-32)+16\div(-4)$之值為何？

  (A)36　(B)−164　(C)−216　(D)232

解答：D

詳解：$12-7\times(-32)+16\div(-4)=12+224-4=232$

5.1 $5-(4+7)=$

5.2 $3+(-5+17)-2=$

5.3 $(-2-11)-(-7)=$

5.4 $(4+2)-(-5+3)=$

5.5 $(1+2-4)-(3+2)+4=$

5.6 $-(2+13)+[2-(-14)]=$

5.7 $-[(8-19)-(20-26)]=$

5.8 $-[(-21-6+5)-(15-8-20)]=$

5.9 $-[-1+6-(-8)]+(13-7+6)=$

5.10 $[2+(11-14)+7+(-4+12)]+2=$

5.11 $-[(21-34)-5+(18-9)]+(6-8)=$

5.12 $(2+3-11)-[4-(11-5)-(10-18)+4]=$

5.13 $10-[12+(5-17)+(7-5)+(-20+16)]=$

整數的四則運算

5.14 $\left[(9-20)+(-7+15)\right]-\left[12+3-(4-5)\right]=$

5.15 $25-\left[18-(2-13)\right]+\left[-(11+13)-(17+(-8))\right]=$

5.16 $(15-8)+7-\left[(-8+4)+(-22+13)\right]=$

5.17 $-\left[(23-18)-16\right]+\left[-(21-14)+(32-15)\right]=$

5.18 $\left[19+21-(16-22)\right]-\left[-12+(18-11)\right]=$

5.19 $2\times(11-7)-3\times(-5-2)=$

5.20 $4\times(15-17)-(-2+4)\times3=$

5.21 $-2\times(7-9)+3\times(4-8)=$

5.22 $(3+1)\times(14-20)+(-3-4)\times2=$

5.23 $(8-3)\times5+3\times(-1+7)\times3=$

5.24 $\left[5\times(14-7)-(12+7)\right]\times2=$

5.25 $\left[(15-17)+2-3\times(14-8)\right]\times3+1=$

5.26 $4\times\left[(11-8)\times2-6\times(7-5)\right]=$

5.27 $-3\times(2-8)+\left[(17-9)+6\times(11-5)\right]=$

5.28 $[-3\times(2-8)]\times 2+[(11-4)+4\times 2]=$

5.29 $6\div(5-2)+[(18-8)\div 2+(19-6)]=$

5.30 $(6+12)\div(8-5)+[(24-8)\div 4+14]=$

5.31 $[(15+20)+(18-13)]\div[2+(16-6)\div 5+4]=$

5.32 $6+2\times[18\div(3+6)-5\times(8-2)]=$

5.33 $7\times[55\div(7-2)+3\times(9-10)]=$

5.34 $[9\div(9-4-2)+2\times(5+3)]+8=$

5.35 $(1-4)\times[7\times(9-6)-(-2)\times(12+13)]=$

整數的四則運算

習題	解答	習題	解答
5-1	−6	5-2	13
5-3	−6	5-4	8
5-5	−2	5-6	1
5-7	5	5-8	9
5-9	−1	5-10	16
5-11	7	5-12	−16
5-13	12	5-14	−19
5-15	−37	5-16	27
5-17	21	5-18	51
5-19	29	5-20	−14
5-21	−8	5-22	−38
5-23	79	5-24	32
5-25	−53	5-26	−24
5-27	62	5-28	51
5-29	20	5-30	24
5-31	5	5-32	−50
5-33	56	5-34	27
5-35	−213		

四則運算

1-1　比負 6 小 3 的數是_____。

1-2　數線上有 A、B 兩點，分別表示 1.8 和 5.4，若 1 單位長是 3 公尺，則 A、B 兩點相距_____。

1-3　在數線上要畫出 3.375 的點，至少要將表示 3 與 4 兩點間的部分分成_____等分。

1-4　(1)12 的相反數是？(2)−33 的相反數是？

1-5　(1)絕對值小於 7 的正整數有哪幾個？
(2)絕對值小於 7 的負整數有哪幾個？

1-6　若 b 為一個整數且 $|b| \leq 5$，則 b 可能為哪些整數？b 有多少個？

1-7　設甲數為正數，乙數為負數且 $|甲數| = |乙數|$，則甲數＋乙數 =_____。

1-8　$(-9) - [(-14)] =$_____。

1-9　$-(-2) - \{-[-(-2)]\} =$_____。

1-10　(1) $(-3) \times 2 =$_____。　(2) $10 \times (-3) + 1 =$_____。

1-11　小雷從甲地正南方 80 公里處，沿一條平直公路開車至甲地正北方 18 公里處，則小雷總共向北開了_____公里。

1-12 -24 與 -47 在數線上所表示的兩點距離為_____。

1-13
(1) 畫一條數線，並在其上描出 0、-1、2.75、$-\dfrac{2}{3}$、$-2\dfrac{3}{4}$。

(2) 比較(1)中 5 個數的大小。（由小到大列出）

(3) 比較(1)中 5 個數的絕對值大小。（由小到大列出）

1-14 計算：$\{4+[(-2)+74-(-58)]-19\}+(-99)$ 之值。

1-15 計算：$\{2\times[(-2)+13-(-8)]-17\}+[27\div(-9)]$ 之值。

1-16 計算：$\{6+[(-2)+4-(5)]\div3\}+[3\times(-4)-3]$ 之值。

1-17 計算：$\{42+[(-23)+50-(-3)]-12\}\div[10\times(-2)]$ 之值。

1-18 $|-2|\times|5-8|\times|6\div(-3)|\times|-4|\times(-2)=$ _____

1-19 $|-3|\times|2-6|\times|9\div(-3)|\times|-7|\times2=$ _____

1-20 $|-7|\times|5-1|\times|8\div(-4)|\times|-3|\div3=$ _____

1-21 求下列各式的值：

(1) $\dfrac{|0-3|+|-21+10|}{3\times8-|-17|}$

(2) $48-60+(-24)$

(3) $[-12+(-18)]\div(-6)$

(4) $70+30\times20$

(5) $(-12)+(-9)\div(-3)$

1.22 $(3+1)\times(11-2\times2)+(-3\times3-4)=$

1.23 $\left[(10-18)\div2+3\times(21-13)\right]+3\times5=$

1.24 $2\times\left[(13-6)\times3-5\times(4-6)\right]\times2-5=$

1.25 $-2\times(1-13)+\left[(15-8)+7\times(13-9)\right]-(2+3)\times5=$

1.26 $5+18\div(9-7)+\left[(15-7)\div2+11\right]=$

1.27 $11\times\left[65\div(9+4)+2\times(13-19)\right]=$

1.28 $(11-14)\times\left[5\times(19-13)+(-5)\times(-11+16)\right]=$

1.29 $11+2\times\left[(-19+13-7)\div13+4\times(11-18)\right]=$

1.30 $\left[8+2\times(14-7)-(-7+5)\times(14-18)\right]=$

1.31 $9+4\times\left[(-9+5-12)\div4+3\times(16-14)\right]=$

第一章　總複習習題解答

習題	解答
1-1	-9
1-2	10.8 公尺
1-3	8
1-4	(1) -12　(2) 33
1-5	(1) 1、2、3、4、5、6　(2) -1、-2、-3、-4、-5、-6
1-6	-5、-4、-3、-2、-1、0、1、2、3、4、5，11 個
1-7	0
1-8	5
1-9	4
1-10	(1) -6　(2) -29
1-11	98
1-12	23

四則運算

1-13	(1) $-2\frac{3}{4}$ -1 $-\frac{2}{3}$ 0 2.75 (number line from −3 to 3) (2) $-2\frac{3}{4} < -1 < -\frac{2}{3} < 0 < 2.75$ (3) $\lvert 0 \rvert < \left\lvert -\frac{2}{3} \right\rvert < \lvert -1 \rvert < \lvert 2.75 \rvert = \left\lvert -2\frac{3}{4} \right\rvert$
1-14	16
1-15	18
1-16	-10
1-17	-3
1-18	-96
1-19	504
1-20	56
1-21	(1) 2 (2) -36 (3) 5 (4) 670 (5) -9
1-22	15
1-23	35
1-24	119
1-25	34
1-26	29
1-27	-77

第一章 總複習習題解答

1-28	−15
1-29	−47
1-30	14
1-31	17

四則運算

第二章
分數的運算

分數是另一種數字的表達模式，在此章我們會學習如何計算分數的加減乘除。

2.1 節　因數與公因數

36 可以被 18 整除，所以 18 是 36 的因數，36 是 18 的倍數。

$$36 \div (18) = 2 \qquad 18 \times (2) = 36$$

36 裡面有許多因數，如何找到有關於 36 的因數？

$$36 \div (1) = 36$$

$$36 \div (2) = 18$$

$$36 \div (3) = 12$$

$$36 \div (4) = 9$$

$$36 \div (6) = 6$$

$$36 \div (9) = 4$$

$$36 \div (12) = 3$$

$$36 \div (18) = 2$$

$$36 \div (36) = 1$$

36 的因數包括 1、2、3、4、6、9、12、18、36，因為它們都可以整除 36。

生物學家研究身體的構造，在不同的身體部位就有不同的細胞，數學名稱叫做因數。

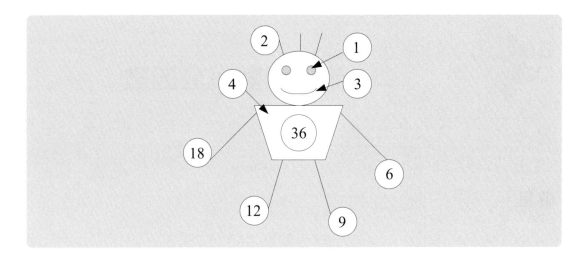

例 題

1-1 28 的因數有 1、2、4、7、14、28，這些因數都可以整除 28。

$28 \div (1) = 28$　　　　$28 \div (7) = 4$

$28 \div (2) = 14$　　　　$28 \div (14) = 2$

$28 \div (4) = 7$　　　　$28 \div (28) = 1$

1-2 12 的因數有 1、2、3、4、6、12。

$(1) \times (12) = 12$

$(2) \times (6) = 12$

$(3) \times (4) = 12$

1-3 18 的因數有 1、2、3、6、9、18。

$(1) \times (18) = 18$

$(2) \times (9) = 18$

$(3) \times (6) = 18$

1-4　56 的因數有 1、2、4、7、8、14、28、56。

$(1) \times (56) = 56$

$(2) \times (28) = 56$

$(4) \times (14) = 56$

$(7) \times (8) = 56$

1-5　25 的因數有 1、5、25。

$(1) \times (25) = 25$

$(5) \times (5) = 25$

1-6　33 的因數有 1、3、11、33。

$(1) \times (33) = 33$

$(3) \times (11) = 33$

1-7　28 的因數有 1、2、4、7、14、28。

$(1) \times (28) = 28$

$(2) \times (14) = 28$

$(4) \times (7) = 28$

質數的定義：

因數除了 1 和自己以外，沒有其他的因數，叫做質數。

例如：13 的因數只有 1、13，叫做質數。

1-8　17 的因數只有 1 跟 17，所以 17 為一質數。

1-9　23 的因數只有 1 跟 23，所以 23 為一質數。

1-10　11 的因數只有 1、11，所以 11 為一質數。

1-11 寫出 1～20 的質數。
詳解：
2、3、5、7、11、13、17、19

1-12 寫出 20～50 的質數。
詳解：
23、29、31、37、41、43、47

質因數的定義：

如果一個整數本身是質數，又是因數，我們稱它叫做質因數。

1-13 (1)24 的因數有 1，2，3，4，6，8，12，24。
(2)24 的質因數有 2，3。

1-14 (1)16 的因數有 1，2，4，8，16。
(2)16 的質因數有 2。

1-15 (1)18 的因數有 1，2，3，6，9，18。
(2)18 的質因數有 2，3。

1-16 (1)21 的因數有 1，3，7，21。
(2)21 的質因數有 3，7。

1-17 (1)26 的因數有 1，2，13，26。
(2)26 的質因數有 2，13。

公因數：

12 的因數是 1、2、3、4、6、12。

四則運算

16 的因數是 1、2、4、8、16。

12、16 相同的因數叫做公因數是 1、2、4。

1-18 (1) 18 的因數是 1、2、3、6、9、18。
(2) 24 的因數是 1、2、3、4、6、8、12、24。
(3) 18、24 的公因數是 1、2、3、6。

1-19 (1) 14 的因數是 1、2、7、14。
(2) 20 的因數是 1、2、4、5、10、20。
(3) 14、20 的公因數是 1、2。

1-20 (1) 30 的因數是 1、2、3、5、6、10、15、30。
(2) 36 的因數是 1、2、3、4、6、9、12、18、36。
(3) 30、36 的公因數是 1、2、3、6。

最大公因數：

公因數中最大的數，叫做最大公因數。

1-21 (1) 12 的因數是 1、2、3、4、6、12。
(2) 16 的因數是 1、2、4、8、16。
(3) 12、16 的公因數是 1、2、4。
(4) 12、16 的最大公因數是 4。

1-22 (1) 15 的因數是 1、3、5、15。
(2) 20 的因數是 1、2、4、5、10、20。
(3) 15、20 相同的因數叫做公因數是 1、5。
(4) 15、20 的最大公因數是 5。

我們可以看公因數的另一性質，以 12 為例，12 的因數是 1、2、3、4、6、12，第二小數是 2，第二大數是 6，2×6＝12，這個數字可以用除法來解釋：

$$第二小 \longrightarrow 2 \overline{)12}$$
$$6 \longleftarrow 第二大$$

再以 105 為例，105 的因數是 1、<u>3</u>、5、7、15、21、<u>35</u>、105，第二小是 3，第二大是 35，3×35＝105，以除法來看：

$$第二小 \longrightarrow 3 \overline{)105}$$
$$35 \longleftarrow 第二大$$

互質：

如果兩個數字的公因數只有 1，這兩個數字互質。

1.23

(1) 15 的因數是 1、3、5、15。

(2) 34 的因數是 1、2、17、34。

(3) 15 和 34 互質。

(4) 16 的因數是 1、2、4、8、16。

(5) 51 的因數是 1、3、17、51。

(6) 16 和 51 互質。

(7) 10 的因數是 1、2、5、10。

(8) 9 的因數是 1、3、9。

(9) 10 和 9 互質。

(10) 15 的因數是 1、3、5、15。

(11) 24 的因數是 1、2、3、4、6、12、24。

(12) 15 和 24 不是互質。

求最大公因數的方法為短除法。

1-24 求 60 與 180 的最大公因數。

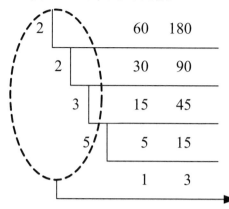

最大公因數為：$2^2 \times 3 \times 5$

1-25 求 (102,53) 的最大公因數。

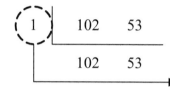

最大公因數為：1

1-26 求 (45,105,225) 的最大公因數。

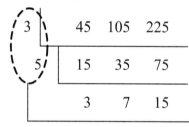

最大公因數為：3×5

1-27 求 (15,28) 的最大公因數。

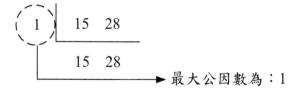

最大公因數為：1

1.28 求(13, 65)的最大公因數。

我們知道了如何求最大公因數，現在我們反過來想，假設我們已知道 a 和 b 的最大公因數是 12，我們要求 a 和 b。首先，我們要知道，a 和 b 有很多答案，我們先看看以下的答案。

(1) $a = 12 \times 2 = 24$

(2) $b = 12 \times 3 = 36$

(3) $a = 12 \times 2 = 24$

(4) $b = 12 \times 5 = 60$

(5) $a = 12 \times 3 = 36$

(6) $b = 12 \times 4 = 48$

(7) $a = 12 \times 6 = 72$

(8) $b = 12 \times 11 = 132$

同學可以證明以上幾組的 a 和 b，他們的最大公因數都是 12，以下的答案就是錯的：

$a = 12 \times 3 = 36$

$b = 12 \times 6 = 72$

我們不難發現，36 和 72 的最大公因數是 36，而不是 12。所以我們只要將 12 乘以兩個數 c 和 d，條件是 c 和 d 必需互質，就可以了。從以上的例子來看，3 和 6 不是互質，因此答案就錯了。

1.29 (A)已知 a 和 b 的最大公因數是 5，求三組 a 和 b。

答案：

(1) $a = 5 \times 2 = 10$

(2) $b = 5 \times 3 = 15$

(3) $a = 5 \times 5 = 25$

(4) $b = 5 \times 7 = 35$

(5) $a = 5 \times 9 = 45$

(6) $b = 5 \times 4 = 20$

(B)已知 a 與 b 的最大公因數是 17，求三組 a 和 b。

答案：

(1) $a = 17 \times 2 = 34$

(2) $b = 17 \times 3 = 51$

(3) $a = 17 \times 3 = 51$

(4) $b = 17 \times 4 = 68$

(5) $a = 17 \times 2 = 34$

(6) $b = 17 \times 5 = 85$

(C)已知 a 和 b 的最大公因數是 24，求三組 a 和 b。

答案：

(1) $a = 24 \times 2 = 48$

(2) $b = 24 \times 3 = 72$

(3) $a = 24 \times 3 = 72$

(4) $b = 24 \times 7 = 168$

(5) $a = 24 \times 5 = 120$

(6) $b = 24 \times 2 = 48$

1.30 有一個整數的因數是 1、5、7、35，整數是什麼？

答案：此整數是 35。

1.31 A 的因數是 1、2、3、4、6、12、24，請問 A 和 15 的公因數是什麼？

答案：$15 = 1 \times 3 \times 5$

故 A 與 15 的公因數是 1、3。

1.32 35 與 42 是否互質？

答案：$35 = 1 \times 5 \times 7$

$42 = 1 \times 2 \times 3 \times 7$

有公因數 $= 7 \neq 1$，故 35 與 42 不互質。

1.33 35 與 39 是否互質？

答案：$35 = 1 \times 5 \times 7$

$39 = 1 \times 3 \times 13$

唯一公因數是 1，因此 35 與 39 互質。

1.34 有一個整數的因數是 1、2、3、5、6、10、15、N，N 是什麼？

答案：$N = 2 \times 15 = 30$

1.35 有一個整數的因數是 1、3、5、N，N 是什麼？

答案：$N = 3 \times 5 = 15$

1.36 有一個整數的因數是 1、2、3、a、6、12、N，求 a。

答案：$N = 2 \times 12 = 24$

N 的因數是 1、2、3、4、6、12、24。

因此 $a = 4$。

1.37 有一個整數的因數是 1、2、3、4、6、a、18、24、36、N，求 a。

答案：$N = 2 \times 36 = 72$

72 的因數是 1、2、3、4、6、12、18、24、36、72。

因此 $a = 12$。

1.38 有一個整數的因數是 1、2、a、b、9、N，求 a 及 b。

答案：$N = 2 \times 9 = 18$

18 的因數是 1、2、3、6、9、18。

因此 $a = 3$，$b = 6$。

1.39 24 個方塊可以排成幾種長方形？

答案：$24 = 2 \times 12$

$24 = 3 \times 8$

$24 = 4 \times 6$

$24 = 1 \times 24$

以下的圖案顯示四種排法：

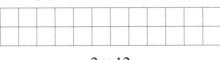

2 × 12

3 × 8

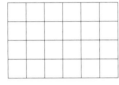

4 × 6

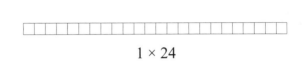

1 × 24

1.40 在 42 的因數中，大於 6 的有幾個？

答案：42 的因數有 1、2、3、6、7、14、21、42。

故大於 6 的因數有 4 個。

因數與公因數

1. ( ) 下列有關質數的敘述，哪一個是正確的？【90.題本一-5】

(A)2 是偶數，所以 2 不是質數。

(B)67 的正因數只有 1 和 67，所以 67 是質數。

(C)77 的十位數字及個位數字都是質數，所以 77 是質數。

(D)91 不是 2 的倍數，不是 3 的倍數，也不是 5 的倍數，所以 91 是質數。

解答：B

詳解：(A)2 的因數有 1、2，所以它是質數。

(B)67 的因數有 1、67，所以它是質數。

(C)77 的因數有 1、7、11、77，所以它不是質數。

(D)91 的因數有 1、7、13、91，所以它不是質數。

---

2. ( ) 問：若 $a = 22 \times 8 \times 8 - 9 \times 8 - 1$，下列哪一個選項是 a 的因數？【90.題本二-18】

(A)17　(B)87　(C)89　(D)175

解答：C

詳解：$a = 8 \times (22 \times 8 - 9) - 1 = 8 \times (176 - 9) - 1 = 8 \times 167 - 1 = 1335$

$1335 = 3 \times 5 \times 89$，89 是 a 的因數。

---

3. ( ) a 是一個正整數，其所有正因數有：1、2、4、7、14、28。則 a 與 210 的最大公因數為何？【90.基本學測一-11】

(A)4　(B)7　(C)14　(D)28

解答：C

詳解：a 是一個正整數，所有正因數有：1、2、4、7、14、28，a 是 28。

28 與 210 的最大公因數是 14。

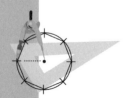

四則運算

4. (　)大小相同的正方形紙牌若張，可以緊密地排出不同形狀的長方形。若拿 6 張，可排出兩種形狀，如圖(一)；若拿 12 張，可排出三種形狀，如圖(二)。如果拿 36 張紙牌，最多可以排出幾種不同形狀的長方形？【91.基本學測一-25】

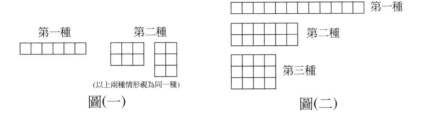

第一種　　　　　第二種
（以上兩種情形視為同一種）
圖(一)

第一種
第二種
第三種
圖(二)

(A)4　(B)5　(C)6　(D)9

解答：B

詳解：拿 6 張，可排出兩種形狀，如圖(一)，$1×6=6$，$2×3=6$，有兩種排法。

拿 12 張，可排出三種形狀，如圖(二)，$1×12=12$，$2×6=12$，$3×4=12$，有三種排法。

如果拿 36 張紙牌，$1×36=36$，$2×18=36$，$3×12=36$，$4×9=36$，$6×6=36$，共有 5 種排法。

5. (　)下列四個數中，哪一個與 55 互質？【93.基本學測一-7】

(A)21　(B)30　(C)35　(D)77

解答：A

詳解：55 的因數有 1、5、11、55；

(A) $21=3×7$　　　　(B) $30=2×3×5$　　　　(C) $35=5×7$

(D) $77=7×11$

B、C 和 D 都不對，只有 A 對。

6. (　)若整數 a 的所有正因數 1、2、4、13、26、52，整數 b 的所有正因數為 1、2、3、6、13、26、39、78，則下列哪一個數是 a 與 b 的最大公因數？【94.參考題本-2】

(A)1　(B)26　(C)52　(D)78

解答：B

詳解：整數 a 的所有正因數 1、2、4、13、26、52，整數 b 的所有正因數為 1、2、3、6、13、26、39、78，a 是 52、b 是 78，52 與 78 最大公因數是 26。

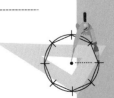

7. (　)設『$a \ominus b$』代表大於 a 且小於 b 所有質數的個數。例如：大於 10 且小於 15 的質數有 11、13 兩個質數，所以 $10 \ominus 15 = 2$。若 $30 \ominus c = 2$，則 c 可能為下列哪一個數？【94.基本學測一-10】

(A)38 　(B)42 　(C)46 　(D)50

解答：A

詳解：30 與 38 之間有兩個質數，31、37。

30 與 42 之間有三個質數，31、37、41。

30 與 46 之間有四個質數，31、37、41、43。

30 與 50 之間有五個質數，31、37、41、43、47。

故答案是(A)。

8. (　)小華利用自己的生日設計一個四位數的密碼，方法是：分別將月份與日期寫成兩個質數的和，再將此四個質數相乘，所得數字即為密碼(例如，生日若為 8 月 24 日，將 8 寫成 3 與 5 的和，24 寫成 11 和 13 的和，再將 3、5、11、13 相乘得密碼為 2145)。已知小華密碼為 2030，求小華出生在幾月份？【94.基本學測二-31】

(A)5 　(B)7 　(C)9 　(D)12

解答：D

詳解：$2030 = 2 \times 5 \times 7 \times 29$，$5 + 7 = 12$ 月，$29 + 2 = 31$ 日。

9. (　)下列哪一選項中的兩數互質？【95.基本學測二-6】

(A)14、35 　(B)20、21 　(C)22、33 　(D)42、51

解答：B

詳解：(A)$14 = 2 \times 7$、$35 = 5 \times 7$　(B)$20 = 2 \times 2 \times 5$、$21 = 3 \times 7$

(C)$22 = 2 \times 11$、$33 = 3 \times 11$　(D)$42 = 2 \times 3 \times 7$、$51 = 3 \times 17$

10. (　)下列四個數，哪一個<u>不</u>是質數？【96.基本學測一-7】

(A)41 　(B)61 　(C)71 　(D)91

解答：D

詳解：(D)$91 = 7 \times 13$，它的因數有 1、7、13、91。

11. (　　)妙妙買進了 126 個茶杯，平均分裝於若干個盒子內。若每個盒子內的茶杯數均為 x，則 x <u>不可能</u>為下列哪一數？【96.基本學測二-4】

(A)3　(B)7　(C)9　(D)11

解答：D

詳解：126 的因數有 1、2、3、6、7、9、14、18、21、42、63、126。

---

12. (　　)將正整數 N 的所有正因數由小至大排列如下：【96.基本學測二-29】

$1，a，3，b，c，d，e，f，g，42，h，N$

判斷下列敘述何者正確？

(A)d 是 a 的 3 倍　　　　(B)e 是 3 的 3 倍

(C)f 是 b 的 3 倍　　　　(D)42 是 d 的 3 倍

解答：C

詳解：$3 \times 42 = 126$

126 的因數有 $1，a，3，b，c，d，e，f，g，42，h，N$

$1，2，3，6，7，9，14，18，21，42，63，126$

(A)$d = 9$ 不是 2 的 3 倍　　(B)$e = 14$ 不是 3 的 3 倍

(C)$f = 18$ 是 6 的 3 倍　　　(D)42 不是 d 的 3 倍

---

13. (　　)有一個三位數，其百位、十位、個位數字分別為 1、a、b。若此數與 72 的最大公因數為 12，則 $a+b$ 可能為下列哪一數？【97.基本學測二-31】

(A)2　(B)5　(C)8　(D)14

解答：B

詳解：$12 = 2^2 \times 3$，$72 = 2^3 \times 3^2$，$(2^3 \times 3^2, A) = 2^2 \times 3$。

$A = 2^2 \times 3 \times c$，c 不是 2 或 3 的倍數，是質數 $c = 11$，

$A = 11 \times 12 = 132$。

$a = 3$，$b = 2$，$a+b = 3+2 = 5$。

習　題

1-1 　請列出 16 所有的因數。

1-2 　請列出 62 所有的因數。

1-3 　請列出 38 所有的因數。

1-4 　請列出 42 所有的因數。

1-5 　檢查 59 是否為質數。

1-6 　檢查 51 是否為質數。

1-7 　檢查 29 是否為質數。

1-8 　檢查 18 是否為質數。

1-9 　(1)請寫出 14 的因數。
　　　(2)請寫出 14 的質因數。

1-10 　(1)請寫出 27 的因數。
　　　(2)請寫出 27 的質因數。

1-11 　(1)請寫出 26 的因數。
　　　(2)請寫出 26 的質因數。

1-12 　(1)請寫出 32 的因數。
　　　(2)請寫出 32 的質因數。

四則運算

1-13 (1)寫出 20 的因數。
(2)寫出 36 的因數。
(3)20、36 的公因數。
(4)20、36 的最大公因數。

1-14 (1)12 的因數。
(2)40 的因數。
(3)12、40 的公因數。
(4)12、40 的最大公因數。

1-15 (1)30 的因數。
(2)14 的因數。
(3)30、14 的公因數。
(4)30、14 的最大公因數。

1-16 利用短除法求最大公因數(30,36)。

1-17 利用短除法求最大公因數(15,28)。

1-18 利用短除法求最大公因數(45,105,225)。

1-19 利用短除法求最大公因數(13,65)。

1-20 利用短除法求最大公因數(32,48)。

1-21 已知某正整數的因數是 1、2、3、4、6、9、12、18、N，求 N。

1-22 已知某正整數的因數是 1、3、5、7、15、21、35、N，求 N。

1-23 已知某正整數的因數是 1、2、3、4、6、12、18、24、36、N，求 N。

1-24 已知某正整數的因數是 1、2、3、4、a、b、c、18、N，求 a、b、c。

1-25 已知某正整數的因數是 1、3、a、9、15、N，求 a。

1-26 已知某正整數的因數是 1、2、4、a、26、N，求 a。

1-27 已知某二數的最大公因數是 25，求二組這兩個數。

1-28 已知某二數的公因數是 13，求二組這兩個數。

習題	解答	習題	解答
1-1	1、2、4、8、16	1-2	1、2、31、62
1-3	1、2、19、38	1-4	1、2、3、6、7、14、21、42
1-5	是	1-6	否($51 = 17 \times 3$)
1-7	是	1-8	否($18 = 3 \times 6$)
1-9	(1)1、2、7、14 (2)2、7	1-10	(1)1、3、9、27 (2)3
1-11	(1)1、2、13、26 (2)2、13	1-12	(1)1、2、4、8、16、32 (2)2
1-13	(1)1、2、4、5、10、20 (2)1、2、3、4、6、9、12、18、36 (3)1、2、4 (4)4	1-14	(1)1、2、3、4、6、12 (2)1、2、4、5、8、10、20、40 (3)1、2、4 (4)4
1-15	(1)1、2、3、5、6、10、15、30 (2)1、2、7、14 (3)1、2 (4)2	1-16	6
1-17	1	1-18	15
1-19	13	1-20	16
1-21	36	1-22	105
1-23	72	1-24	$a = 6$，$b = 9$，$c = 12$
1-25	$a = 5$	1-26	$a = 13$
1-27	50、75 75、100	1-28	13、26 26、39

因數與公因數

2.2 節　倍數與公倍數

有一種遊戲叫做「鼻涕蟲」，將它分裂時它會從一個變成二個，二個變成四個，四個變成八個，八個變成十六個，十六個變成三十二個。

$$2 \xrightarrow{\times 2} 4 \xrightarrow{\times 2} 8 \xrightarrow{\times 2} 16 \xrightarrow{\times 2} 32$$

※複習九九乘法，倍數是無限大，所以我們可以不斷延伸下去。

2 的倍數有：2、4、6、8、10、12、14、16、18、20……

3 的倍數有：3、6、9、12、15、18、21、24、27、30……

4 的倍數有：4、8、12、16、20、24、28、32、36、40……

5 的倍數有：5、10、15、20、25、30、35、40、45、50……

6 的倍數有：6、12、18、24、30、36、42、48、54、60……

7 的倍數有：7、14、21、28、35、42、49、56、63、70……

8 的倍數有：8、16、24、32、40、48、56、64、72、80……

9 的倍數有：9、18、27、36、45、54、63、72、81、90……

公倍數：

6 的倍數有：6、12、18、24、30、36、42

8 的倍數有：8、16、24、32、40、48、56

6 和 8 的共同倍數，叫做公倍數有：24、48

各種動物繁殖下一代的數量不同，生產的速度也不同。

例如：母豬一次生下 6 隻小豬，再下一次生下 6 隻小豬，依此類推，
第一次小豬有 6 隻，第二次有 12 隻，第三次有 18 隻，第四
次有 24 隻。

母狗一次生下 4 隻小狗，再下一次生下 4 隻小狗，依此類推，
第一次小狗有 4 隻，第二次有 8 隻，第三次有 12 隻，第四次
有 16 隻。

牠們什麼時候會有相同數目的小豬和小狗？

例如：母豬：6、12、18、24、30、36、42、48……。

母狗：4、8、12、16、20、24、28、32、36……。

母豬第二次生出 12 隻，第四次生出 24 隻，第六次生出 36
隻。母狗第三次生出 12 隻，第六次生出 24 隻，第九次生出
36 隻。

那麼 12、24、36……，數學稱做公倍數。

例 題

2.1　　3 的倍數有：3、6、9、12、15、18、21、24……。
　　　　4 的倍數有：4、8、12、16、20、24、28、32……。
　　　　3 和 4 的公倍數有：12、24、36、48……。

2.2　　12 的倍數有：12、24、36、48、60、72、84、96、108、120……。
　　　　24 的倍數有：24、48、72、96、120、144、168、192……。
　　　　12 和 24 的公倍數有：24、48、72、96、120……。

2.3 求 7 和 21 最小的 3 個公倍數。

7 的倍數有：7、14、21、28、35、42、49、56、63、70、77、84……。

21 的倍數有：21、42、63、84、105、126、147、168、189……。

7 和 21 最小的三個公倍數是：21、42、63。

2.4 求 12 與 60 的最小的 2 個公倍數。

12 的倍數有：12、24、36、48、60、72、84、96、108、120……。

60 的倍數有：60、120、180、240……。

12 和 60 最小的 2 個公倍數是：60、120。

2.5 求 72 與 24 的最小的 2 個公倍數。

72 的倍數有：72、144、216、288、360、432、504……。

24 的倍數有：24、48、72、96、120、144、168、192、216……。

72 和 24 最小的 2 個公倍數是：72、144。

2.6 求 3 和 6 和 9 的最小的 2 個公倍數。

3 的倍數有：3、6、9、12、15、18、21、24、27。

6 的倍數有：6、12、18、24、30、36。

9 的倍數有：9、18、27、36。

3 和 6 和 9 的最小的 2 個公倍數是：18、36。

最小公倍數

3 的倍數有：3、6、9、12、15、18、21、24、27。

6 的倍數有：6、12、18、24、30、36。

3 和 6 的公倍數有：6、12、18、24。

所有公倍數裡，最小的公倍數是：6。

四則運算

最小公倍數的求法

2.8

$$[15,6]=30$$

$$3 \mid \underline{15 , 6}$$
$$5 , 2$$

$$3 \times 5 \times 2 = 30$$

2.9

$$[12,18]=36$$

$$2 \mid \underline{12 , 18}$$
$$3 \mid \underline{6 , 9}$$
$$2 , 3$$

$$2 \times 3 \times 2 \times 3 = 36$$

2.10

$$[15,3]=15$$

$$3 \mid \underline{15 , 3}$$
$$5 , 1$$

$$3 \times 5 \times 1 = 15$$

2.11

$$[7,91]=91$$

$$7 \mid \underline{7 , 91}$$
$$1 , 13$$

$$7 \times 1 \times 13 = 91$$

2-12 $[3,6,5] = 30$

$$3 \;\big|\; 3 , 6 , 5$$
$$ 1 , 2 , 5$$

$3 \times 1 \times 2 \times 5 = 30$

2-13 $[4,6,10] = 60$

$$2 \;\big|\; 4 , 6 , 10$$
$$ 2 , 3 , 5$$

$2 \times 2 \times 3 \times 5 = 60$

2-14 $[21,24,28] = 168$

$$2 \;\big|\; 21 , 24 , 28$$
$$3 \;\big|\; 21 , 12 , 14$$
$$2 \;\big|\; 7 , 4 , 14$$
$$7 \;\big|\; 7 , 2 , 7$$
$$ 1 , 2 , 1$$

$2 \times 3 \times 2 \times 7 \times 1 \times 2 \times 1 = 168$

2-15 $[7,4,21] = 84$

$$7 \;\big|\; 7 , 4 , 21$$
$$ 1 , 4 , 3$$

$7 \times 1 \times 4 \times 3 = 84$

2.16　$[1,34,51] = 102$

$$17 \mid \underline{1 \text{，} 34 \text{，} 51}$$

$$1 \text{，} \quad 2 \text{，} \quad 3$$

$$17 \times 1 \times 2 \times 3 = 102$$

我們現在來看一下最大公因數的一些性質。以 24 和 36 為例，它們的最大公因數是 12，我們得知：

(1) $24 = 12 \times 2$

(2) $36 = 12 \times 3$

而 2 和 3 是互質的。

再看 18 和 30，它們的最大公因數是 6，

(1) $18 = 6 \times 3$

(2) $30 = 6 \times 5$

而 3 和 5 是互質的。

我們的結論是：假設有兩個數 A 和 B，A 和 B 的最大公因數是 C，而 $A = C \times a$，$B = C \times b$，則 a 和 b 互質。

我們可以再看一些例子，$A = 12$，$B = 18$，它們的最大公因數是 6，

(1) $12 = 6 \times 2$

(2) $18 = 6 \times 3$

2 和 3 是互質的。

我們可以再進一步研究最大公因數和最小公倍數之間的關係，以 24 和 36 為例，我們可以以除法來表示：

$$最大公因數 \longrightarrow 12 \,\big|\, \underline{24,36}$$

$$2 \, , \quad 3$$

$$\uparrow \qquad \uparrow$$

$$a \qquad b$$

$$最小公倍數 = 12 \times a \times b = 12 \times 2 \times 3 = 72$$

再以 18 和 30 為例：

$$最大公因數 \longrightarrow 6 \,\big|\, \underline{18,30}$$

$$3 \, , \quad 5$$

$$\uparrow \qquad \uparrow$$

$$a \qquad b$$

$$最小公倍數 = 6 \times a \times b = 6 \times 3 \times 5 = 90$$

因此，我們可以知道另一個結論：假設 A 和 B 的最大公因數是 C，$A = C \times a$，$B = C \times b$，則 $D = C \times a \times b$ 是 A 和 B 的最小公倍數。

以 12 和 18 為例，12 和 18 的最大公因數是 6，

(1) $12 = 6 \times 2$

(2) $18 = 6 \times 3$

$6 \times 2 \times 3 = 36$ 是 12 和 18 的最小公倍數。

以 21 和 14 為例，21 和 14 的最大公因數是 7，

(1) $21 = 7 \times 3$

(2) $14 = 7 \times 2$

$7 \times 3 \times 2 = 42$ 是 21 和 14 的最小公倍數。

從以上的討論，我們可以從最大公因數求得最小公倍數。

2-17 已知 32 和 24 的最大公因數是 8，試問，32 和 24 的最小公倍數是什麼？

答案：$32 = 8 \times 4$

$24 = 8 \times 3$

$8 \times 4 \times 3 = 96$ 是 32 和 24 的最小公倍數。

2-18 已知 15 和 20 的最大公因數是 5，試問，15 和 20 的最小公倍數是什麼？

答案：$15 = 5 \times 3$

$20 = 5 \times 4$

$5 \times 3 \times 4 = 60$ 是 15 和 20 的最小公倍數。

2-19 已知 14 和 21 的最小公因數是 7，試問，14 和 21 的最小公倍數是什麼？

答案：$14 = 7 \times 2$

$21 = 7 \times 3$

$7 \times 2 \times 3 = 42$ 是 14 和 21 的最小公倍數。

從以上的討論，我們又可以發現一個奧妙，假設我們不知道 A 和 B，但是知道 A 和 B 的最大公因數 C 和小公倍數 D，則我們可以從 C 和 D 推算出 A 和 B。

茲舉一例，假設 A 和 B 的最大公因數是 6，而最小公倍數 D 是 36，則：

$A = 6 \times a$

$B = 6 \times b$

$D = 36 = 6 \times a \times b$

兩邊同除以 6，$6 = a \times b$。

因為 a 和 b 互質，我們只有兩組答案：

(1) $a = 1$，$b = 6$

(2) $a = 2$，$b = 3$

如果 $a = 1$，$b = 6$，則 $A = 6 \times a = 6 \times 1 = 6$，$B = 6 \times b = 6 \times 6 = 36$。

如果 $a = 2$，$b = 3$，則 $A = 6 \times a = 6 \times 2 = 12$，$B = 6 \times b = 6 \times 3 = 18$。

2-20 已知 A 和 B 的最大公因數是 7，最小公倍數是 105，又知 A 和 B 都大於 7，求 A 和 B。

答案：$A = 7 \times a$

$B = 7 \times b$

$105 = 7 \times a \times b$

$\therefore a \times b = \dfrac{105}{7} = 15$

a 和 b 必需都大於 7，因為 A 和 B 都大於 7，所以

$a = 3$，$b = 5$

$A = 7 \times 3 = 21$

$B = 7 \times 5 = 35$

2-21 已知 A 和 B 的最大公因數是 6，最小公倍數是 72，又知 A 和 B 都大於 6，求 A 和 B。

答案：$A = 6 \times a$

$B = 6 \times b$

$72 = 6 \times a \times b$

兩邊同除以 6，$12 = a \times b$。

a 和 b 互質只有 $a = 3$，$b = 4$。

故 $A = 6 \times a = 6 \times 3 = 18$

$B = 6 \times b = 6 \times 4 = 24$

四則運算

2.22 已知 A 和 B 的最大公因數是 4，最小公倍數是 24，又知 A 和 B 都大於 4，求 A 和 B。

答案：$A = 4 \times a$

$B = 4 \times b$

$24 = 4 \times a \times b$

兩邊同除以 4，$6 = a \times b$。

a 和 b 互質只有 $a = 2$，$b = 3$。

故 $A = 4 \times a = 4 \times 2 = 8$

$B = 4 \times b = 4 \times 3 = 12$

1. (　)媽媽到市場買布與米，經詢價得知布每公尺的售價為 150 元，米每台斤的售價為 20 元，那麼媽媽買布 2 公尺與買米 15 台斤的價錢相比較，哪一個較多？【90.題本一-9】

(A)布　(B)米　(C)一樣多　(D)無法比較

解答：C

詳解：每公尺 150 元×2=300 元。

　　　每台斤 20 元×15=300 元。

---

2. (　)某商店促銷活動，買 3 包餅乾和 2 個麵包，僅需 105 元。若小芬至此商店購買 6 包餅乾和 4 個麵包，付 500 元鈔票一張，應可找回多少元？【90.基本學測一-4】

(A)290　(B)395　(C)105　(D)210

解答：A

詳解：買 3 包餅乾和 2 個麵包，僅需 105 元；購買 6 包餅乾和 4 個麵包，需 210 元；

　　　500 − 210 = 290。

---

3. (　)某客運公司每天早上 5：30 發第一班車，已知早上 7：00～9：00 時段每 5 分鐘發一班車，其他時段每 15 分鐘發一班車。請問早上 7：34～9：34 該公司共發了幾班車？【94.基本學測一-21】

(A)16　(B)18　(C)20　(D)24

解答：C

詳解：搭車子班次 7：35、7：40、7：45、7：50、7：55、8：00、8：05、8：10、8：15、8：20、8：25、8：30、8：35、8：40、8：45、8：50、8：55、9：00、9：15、9：30，有 20 班。

四則運算

4. (　　)有 30 張分別標示 1～30 號的紙牌。先將號碼數為 3 的倍數的紙牌拿掉，然後從剩下的紙牌中，拿掉號碼數為 2 的倍數的紙牌。若將最後剩下的紙牌，依號碼數由小到大排列，則第 5 張紙牌的號碼為何？【96.基本學測一-3】

(A)7　(B)11　(C)13　(D)17

解答：C

詳解：先將號碼數為 3 的倍數的紙牌拿掉，拿走的是：3，6，9，12，15，18，21，24，27，30；

拿掉號碼數為 2 的倍數的紙牌，拿走的是：2，4，6，8，10，12，14，16，18，20，22，24，26，28，30。

依號碼數由小到大排列，第 5 張紙牌的號碼是 13：1，5，7，11，13，17，19，23，25，29。

---

5. (　　)某天，5 個同學去打羽球，從上午 8：55 一直到上午 11：15。若這段時間內，他們一直玩雙打(即須 4 人同時上場)，則平均一個人的上場時間為幾分鐘？【98.基本學測一-26】

(A)112　(B)136　(C)140　(D)175

解答：A

詳解：$11:15 - 8:55 = 2:20$，$2:20 = 140$ 分。

$140 \div 5 \times 4 = 112$ 如果平均每一個人輪流上場需要 28 分，但是每一個人要上場四次、休息一次，$28 \times 4 = 112$ 分。

---

6. (　　)某棟大樓頂樓裝有紅、藍、綠三盞燈，其中紅燈每 35 分鐘閃一次，藍燈每 40 分鐘閃一次，綠燈每 25 分鐘閃一次。若這三盞燈於晚上 7：00 同時閃一次，則當晚 8：55 後，哪一盞燈先閃？【98.基本學測二-20】

(A)紅燈　(B)藍燈　(C)綠燈　(D)三盞燈同時閃

解答：B

詳解：紅燈：7：35、8：10、8：45、9：20。

藍燈：7：40、8：20、9：00。

綠燈：7：25、7：50、8：15、8：40、9：05。

7. (　　)如圖(十五)，有甲、乙、丙三個大小相同的圓柱形杯子，杯深 20 公分，且各裝有 15 公分高的水。如圖(十六)，將大小相同的彈珠丟入三個杯中(甲杯 2 顆，乙杯 4 顆，丙杯 6 顆)，結果甲的水位上升到 18 公分，乙、丙兩杯水滿溢出。求丙溢出的水量是乙溢出的幾倍？

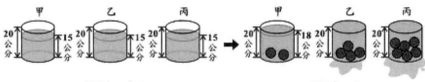

圖(十五)　　　　　　　　　　圖(十六)

(A)1.5　(B)2　(C)3　(D)4

解答：D

詳解：甲：$18-15=3$，$3 \div 2 = 1.5$。

乙：$1.5 \times 4 = 6$，$15+6=21$，$21-20=1$。

丙：$1.5 \times 6 = 9$，$15+9=24$，$24-20=4$，$4 \div 1 = 4$。

習題

2-1 求 5 的倍數，寫出 5 個倍數。

2-2 求 11 的倍數，寫出 5 個倍數。

2-3 求 14 的倍數，寫出 5 個倍數。

2-4 求 12 與 24 最小的 3 個公倍數。

2-5 求 11 與 121 最小的 3 個公倍數。

2-6 (1)求 7 的倍數，寫出 5 個倍數。

(2)求 21 的倍數，寫出 5 個倍數。

(3)求 7 與 21 最小的 2 個公倍數。

2.7 (1)求 5 的倍數，寫出 5 個倍數。
      (2)求 20 的倍數，寫出 5 個倍數。
      (3)求 5 與 20 最小的 2 個公倍數。

2.8 求 $[16,24]$。

2.9 求 $[18,54]$。

2.10 求 $[20,45]$。

2.11 求 $[4,28]$。

2.12 求 $[7,14,24]$。

2.13 求 $[15,25,10]$。

2.14 求 $[32,18,12]$。

2.15 求 $[60,90,120]$。

2.16 求 $[22,33,11]$。

2.17 求 $[56,8,7]$。

2.18 求 $[12,18,36]$。

2.19 求 $[36,24,20]$。

倍數與公倍數

2.20 求 $[3,17]$。

2.21 求 $[18,5]$。

2.22 已知 24 和 18 的最大公因數是 6，求 24 和 18 的最小公倍數。

2.23 已知 57 和 38 的最大公因數是 19，求 57 和 38 的最小公倍數。

2.24 已知 14 和 21 的最大公因數是 7，求 14 和 21 的最小公倍數。

2.25 已知 A 和 B 的最大公因數是 6，最小公倍數是 36，又知 A 和 B 均大於 6，求 A 和 B。

2.26 已知 A 和 B 的最大公因數是 5，最小公倍數是 90，又知 A 和 B 均大於 5，求 A 和 B。

2.27 已知 A 和 B 的最大公因數是 7，最小公倍數是 42，又知 A 和 B 均大於 7，求 A 和 B。

四則運算

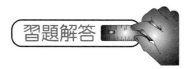

習題解答

習題	解答	習題	解答
2-1	5、10、15、20、25	2-2	11、22、33、44、55
2-3	14、28、42、56、70	2-4	24、48、72
2-5	121、242、363	2-6	(1)7、14、21、28、35 (2)21、42、63、84、105 (3)21、42
2-7	(1)5、10、15、20、25 (2)20、40、60、80、100 (3)20、40	2-8	48
2-9	54	2-10	180
2-11	28	2-12	168
2-13	150	2-14	288
2-15	360	2-16	66
2-17	56	2-18	36
2-19	360	2-20	51
2-21	90	2-22	72
2-23	114	2-24	42
2-25	A=12，B=18 or A=18，B=12	2-26	A=10，B=45 or A=45，B=10
2-27	A=14，B=21 or A=21，B=14		

倍數與公倍數

2.3 節 標準分解式：
　　　　求最大公因數與最小公倍數

標準分解式

把一個大於 1 的整數分解成質因數相乘的式子，稱為這個整數的標準分解式。所有的質因數由小排到大，若質因數相同時，以乘方表示。

例如：$12 = 2 \times 2 \times 3 = 2^2 \times 3$

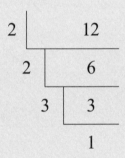

指數

何謂指數呢?例如：$2 \times 2 \times 2 = 2^3$，則稱 2 為底數或者 3 為其指數。
$5 \times 5 \times 5 \times 5 = 5^4$，則 4 為其指數。

例　題

3.1　　請寫出 320 的標準分解式。
　　　　在這裡我們利用質因數分解法來求標準分解式。

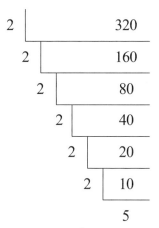

所以 320 的標準分解式為 $320 = 2^6 \times 5$。

3.2 利用質因數分解法來求 546 的標準分解式。

$$
\begin{array}{r|r}
2 & 546 \\ \hline
3 & 273 \\ \hline
7 & 91 \\ \hline
 & 13
\end{array}
$$

所以 546 的標準分解式為 $546 = 2 \times 3 \times 7 \times 13$。

3.3 利用質因數分解法來求 135 的標準分解式。

$$
\begin{array}{r|r}
3 & 135 \\ \hline
3 & 45 \\ \hline
3 & 15 \\ \hline
 & 5
\end{array}
$$

所以 135 的標準分解式為 $135 = 3^3 \times 5$。

3.4 利用質因數分解法來求 364 的標準分解式。

$$
\begin{array}{r|r}
2 & 364 \\ \hline
2 & 182 \\ \hline
7 & 91 \\ \hline
 & 13
\end{array}
$$

所以 364 的標準分解式為 $2^2 \times 7 \times 13$。

3.5 利用質因數分解法來求 123 的標準分解式。

$$3 \,|\, \underline{123}$$
$$41$$

所以 123 的標準分解式為 $123 = 3 \times 41$。

用標準分解式求最大公因數

$(36, 24) = ?$

步驟一：$36 = 2^2 \times 3^2$

$\qquad\quad 24 = 2^3 \times 3$

步驟二：共同質因數是 2、3；2^2、2^3 這兩者最小的次方是 2；3^2、3 這兩者最小的次方是 1。

$(36, 24) = 2^2 \times 3 = 4 \times 3 = 12$

(1) 先將整數寫成標準分解式。

(2) 再從共同的質因數找出「最小的次方」。

(3) 最後將找出來的數字相乘。

3.6 用標準分解式求最大公因數 $(72, 48) = ?$
詳解：
$72 = 2^3 \times 3^2$
$48 = 2^4 \times 3$
$(72, 48) = 2^3 \times 3 = 8 \times 3 = 24$

四則運算

3-7 用標準分解式求最大公因數$(120, 80, 90) = ?$

詳解：

$120 = 2^3 \times 3 \times 5$

$80 = 2^4 \times 5$

$90 = 2 \times 3^2 \times 5$

$(12, 80, 90) = 2 \times 5 = 10$

3-8 用標準分解式求最大公因數$(66, 58, 74) = ?$

詳解：

$66 = 2 \times 3 \times 11$

$58 = 2 \times 29$

$74 = 2 \times 37$

$(66, 58, 74) = 2$

3-9 求$2^4 \times 3$，$2^3 \times 3^2 \times 7$，$2 \times 3 \times 7$的最大公因數。

詳解：

$(2^4 \times 3, 2^3 \times 3^2 \times 7, 2 \times 3 \times 7) = 2 \times 3 = 6$

3-10 求$2^3 \times 5^2 \times 7$，$2^2 \times 3^6 \times 7 \times 11$的最大公因數。

詳解：

$(2^3 \times 5^2 \times 7, 2^2 \times 3^6 \times 7 \times 11) = 2^2 \times 7 = 4 \times 7 = 28$

3-11 求9^2，9^3，9^7的最大公因數。

詳解：

$(9^2, 9^3, 9^7) = 9^2$

3-12 求4^5，4^8，4^{12}的最大公因數。

詳解：

$(4^5, 4^8, 4^{12}) = 4^5$

用標準分解式求最小公倍數

$[36,24] = ?$

步驟一：$36 = 2^2 \times 3^2$

$24 = 2^3 \times 3$

步驟二：共同質因數是 2、3；2^2、2^3 這兩者最大的次方是 3；3^2、3 這兩者最大的次方是 2。

$[36,24] = 2^3 \times 3^2 = 8 \times 9 = 72$

(1) 先將整數寫成標準分解式。

(2) 再從共同的質因數找出「最大的次方」。

(3) 最後將剩下來沒有共同的質因數，也要全部相乘。

3.13 用標準分解式求最小公倍數 $[72,48] = ?$

詳解：

$72 = 2^3 \times 3^2$

$48 = 2^4 \times 3$

$[72,48] = 2^4 \times 3^2 = 16 \times 9 = 144$

3.14 用標準分解式求最小公倍數$[120,80,90]=?$

詳解：

$120 = 2^3 \times 3 \times 5$

$80 = 2^4 \times 5$

$90 = 2 \times 3^2 \times 5$

$[120,80,90] = 2^4 \times 3^2 \times 5 = 16 \times 9 \times 5 = 720$

3.15 用標準分解式求最小公倍數$[60,18,24]=?$

詳解：

$60 = 2^2 \times 3 \times 5$

$18 = 2 \times 3^2$

$24 = 2^3 \times 3$

$[60,18,24] = 2^3 \times 3^2 \times 5$

3.16 求$2^4 \times 3$，$2^3 \times 3^2 \times 7$，$2 \times 3 \times 7$的最小公倍數。

詳解：

$\left[2^4 \times 3, 2^3 \times 3^2 \times 7, 2 \times 3 \times 7\right] = 1008$

3.17 求$2^3 \times 5^2 \times 7$，$2^2 \times 3^6 \times 7 \times 11$的最小公倍數。

詳解：

$\left[2^3 \times 5^2 \times 7, 2^2 \times 3^6 \times 7 \times 11\right] = 2^3 \times 3^6 \times 5^2 \times 7 \times 11$

3.18 求9^2，9^3，9^7的最小公倍數。

詳解：

$\left[9^2, 9^3, 9^7\right] = 9^7$

標準分解式：求最大公因數與最小公倍數

3-19 求 4^5，4^8，4^{12} 的最小公倍數。

詳解：

$$\left[4^5, 4^8, 4^{12}\right] = 4^{12}$$

3-20 求 5^3，5^6，5^8 的最小公倍數。

詳解：

$$\left[5^3, 5^6, 5^8\right] = 5^8$$

四則運算

1. （   ）若 108、72、90 三數的最大公因數為 a，最小公倍數為 b，則下列
   哪一個選項是正確的？【90.題本一-7】

   (A) $a = 36$，$b = 2160$ (B) $a = 36$，$b = 1080$

   (C) $a = 18$，$b = 2160$ (D) $a = 18$，$b = 1080$

   解答：D

   詳解：$(108, 72, 90) = 18$

   $\qquad\quad [108, 72, 90] = 1080$

---

2. （   ）設 $a = 2^3 \times 3^2 \times 5 \times 13$，則下列哪一個選項<u>不是</u> a 的因數？【90.題本
   一-11】

   (A) $2^3 \times 3$ (B) $3 \times 5 \times 13$ (C) $2^3 \times 3 \times 5^2$ (D) $2 \times 3 \times 5 \times 13$

   解答：C

   詳解：(C) $2^3 \times 3 \times 5^2$（5^2 次數超過。）

---

3. （   ）傳說某古堡有億萬寶藏，必須輸入門密碼才能進入寶庫取寶；已知
   入門密碼有四碼 $abcd$，分別隱藏在 $2898 = 2^a \times b^2 \times c^1 \times 23^d$ 的標準分
   解式中，請問此入門密碼為何？【90.題本二-2】

   (A) 2371   (B) 1371   (C) 1351   (D) 2351

   解答：B

   詳解：$2898 = 2 \times 3^2 \times 7 \times 23$，$a = 1$，$b = 3$，$c = 7$，$d = 1$。

4. (　)某生將一正整數 a 分解成質因數相乘，計算過程如下。則下列哪一個選項是正確的？【90.基本學測二-15】

$$
\begin{array}{r|l}
2 & a \\
\hline
2 & b \\
\hline
2 & c \\
\hline
3 & d \\
\hline
3 & e \\
\hline
5 & f \\
\hline
5 & g \\
\hline
& 7
\end{array}
$$

(A) $b = 2^2 \times 3^2 \times 5^2 \times 7$ 　　(B) $c = 3^2 \times 5 \times 7$

(C) $e = 3^2 \times 5^2 \times 7$ 　　(D) $f = 5 \times 7$

解答：A

詳解：從計算過程可知 $a = 2^3 \times 3^2 \times 5^2 \times 7$，其他的都不對。

- -

5. (　)小琪將 a、b 兩個正整數作質因數分解，完整的作法如下。已知 $a > b$，e 是質數，且 a、b 的最大公因數是 14，最小公倍數是 98，則下列哪一個關係是正確的？【91.基本學測二-27】

$$
\begin{array}{r|cc}
2 & a & b \\
\hline
e & c & d \\
\hline
& f & g
\end{array}
$$

(A) $d > e$ 　(B) $e > f$ 　(C) $e > g$ 　(D) $f > d$

解答：C

詳解：如圖所示，$(a,b) = 14 = 2e$　∴ $e = 7$

　　　如圖所示，$[a,b] = 98 = 2 \times e \times f \times g = 14 \times f \times g$　∴ $f \times g = 7$

　　　因 $a > b$　∴ $f > g$　∴ $f = 7, g = 1$　∴ $e > g$

6. (　) 若 45 可分解為 $a \times b$，其中 a、b 均為正整數，則下列哪一個不可能是 $a+b$ 的值？【92.基本學測二-8】

(A)46　(B)42　(C)18　(D)14

解答：B

詳解：$45 = 1 \times 45 = 3 \times 15 = 5 \times 9$

$$a+b = \quad 1+45 = 46$$
$$3+15 = 18$$
$$5+9 = 14$$

但不可能分解成兩個數加起來等於 42。

---

7. (　) 將 231192 做質因數分解後可得 $2^a \times 3^2 \times c^2 \times 19$，求 $a+c=?$【95.基本學測一-8】

(A)10　(B)14　(C)16　(D)20

解答：C

詳解：$231192 = 2^3 \times 3^2 \times 13^2 \times 19$

$$\therefore a = 3 \cdot c = 13$$
$$a+c = 3+13 = 16$$

習題

3.1 用標準分解式求最大公因數、最小公倍數。

(1) 15 的標準分解式。

(2) 28 的標準分解式。

(3) 15，28 的最大公因數。

(4) 15，28 的最小公倍數。

3.2 用標準分解式求最大公因數、最小公倍數。

(1) 60 的標準分解式。

(2) 80 的標準分解式。

(3) 60，80 的最大公因數。

(4) 60，80 的最小公倍數。

3.3 用標準分解式求最大公因數、最小公倍數。

(1) 280 的標準分解式。

(2) 560 的標準分解式。

(3) 720 的標準分解式。

(4) 280，560，720 的最大公因數。

(5) 280，560，720 的最小公倍數。

3.4 求 2×5，$2^3 \times 5^2 \times 11$，$2 \times 5 \times 11$ 的最大公因數。

3.5 求 $2 \times 3^2 \times 7$，$2^3 \times 3^2 \times 7$，$2 \times 3 \times 7 \times 13$ 的最大公因數。

3.6 求 7^5，7^8，7^{12} 的最大公因數。

3.7 求 12^3，12^6，12^8 的最大公因數。

3.8 求 2×5，$2^3 \times 5^2 \times 11$，$2 \times 5 \times 11$ 的最小公倍數。

3.9 求 $2 \times 3^2 \times 7$，$2^3 \times 3^2 \times 7$，$2 \times 3 \times 7 \times 13$ 的最小公倍數。

3.10 求 7^5，7^8，7^{12} 的最小公倍數。

3.11 求 12^3，12^6，12^8 的最小公倍數。

四則運算

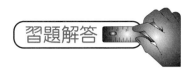

習題解答

習題	解答	習題	解答
3-1	(1) 3×5 (2) $2^2 \times 7$ (3) 1 (4) $2^2 \times 3 \times 5 \times 7$	3-2	(1) $2^2 \times 3 \times 5$ (2) $2^4 \times 5$ (3) $2^2 \times 5$ (4) $2^4 \times 3 \times 5$
3-3	(1) $2^3 \times 5 \times 7$ (2) $2^4 \times 5 \times 7$ (3) $2^4 \times 3^2 \times 5$ (4) $2^3 \times 5$ (5) $2^4 \times 3^2 \times 5 \times 7$	3-4	2×5
3-5	$2 \times 3 \times 7$	3-6	7^5
3-7	12^3	3-8	$2^3 \times 5^2 \times 11$
3-9	$2^3 \times 3^2 \times 7 \times 13$	3-10	7^{12}
3-11	12^8		

等值分數：約分與擴分

將分子和分母同乘以一數，得到的分數和原來的分數相等。像這樣把分數化成等值分數的方法，稱為「**擴分**」。如：

$$\frac{1}{2} = \frac{1 \times (2)}{2 \times (2)} = \frac{2}{4}$$

$$\frac{2}{3} = \frac{2 \times (3)}{3 \times (3)} = \frac{6}{9}$$

將分子和分母同除以它們的**最大公因數**，得到的分數和原來的分數相等。像這樣把分數化成等值分數的方法，稱為「**約分**」。如：

$$\frac{9}{12} = \frac{9 \div (3)}{12 \div (3)} = \frac{3}{4}$$

$$\frac{4}{8} = \frac{4 \div (4)}{8 \div (4)} = \frac{1}{2}$$

我們都知道很多分數是可以簡化的，例如：$\frac{2}{4} = \frac{1}{2}$，$\frac{6}{9} = \frac{2}{3}$，$\frac{8}{6} = \frac{4}{3}$，$\frac{25}{35} = \frac{5}{7}$

但是，也有很多分數是不可能化簡的，例如：$\frac{2}{7}$，$\frac{3}{5}$，$\frac{3}{4}$，$\frac{19}{15}$……等等。

$\frac{2}{7}$ 的分子和分母是 $(2,7)$，最大公因數是 1；

$\frac{3}{5}$ 的分子和分母是 $(3,5)$，最大公因數是 1；

$\frac{3}{4}$ 的分子和分母是(3,4)，最大公因數是 1；

我們現在要介紹一個觀念，"互質"，如果整數 A 和整數 B 的最大公因數為 1，他們就是「**互質**」。如果一個分數的分母和分子互質，這個分數就不能再化簡了，這個分數叫做「**最簡分數**」。

例 題

4-1 擴分

$$\frac{1}{3} = \frac{(\quad)}{6} = \frac{(\quad)}{9}$$

詳解：$\frac{1}{3} = \frac{1\times 2}{3\times 2} = \frac{2}{6} = \frac{1\times 3}{3\times 3} = \frac{3}{9}$

4-2 擴分

$$\frac{3}{4} = \frac{(\quad)}{8} = \frac{(\quad)}{12}$$

詳解：$\frac{3}{4} = \frac{3\times 2}{4\times 2} = \frac{6}{8} = \frac{3\times 3}{4\times 3} = \frac{9}{12}$

4-3 擴分

$$\frac{10}{15} = \frac{20}{(\quad)} = \frac{30}{(\quad)}$$

詳解：$\frac{10}{15} = \frac{10\times 2}{15\times 2} = \frac{20}{30} = \frac{10\times 3}{15\times 3} = \frac{30}{45}$

4-4 約分

$$\frac{6}{15} = \frac{2\times 3}{3\times 5} = \frac{2}{5}$$

4.5 約分

$$\frac{8}{12} = \frac{2 \times 2 \times 2}{2 \times 2 \times 3} = \frac{2}{3}$$

4.6 約分

$$\frac{25}{35} = \frac{5 \times 5}{5 \times 7} = \frac{5}{7}$$

4.7 $\frac{3}{7}$ 的分子和分母有互質嗎？

詳解：$(3,7)=1$，3 和 7 是互質。

4.8 $\frac{4}{15}$ 的分子和分母有互質嗎？

詳解：$(4,15)=1$，4 和 15 是互質。

4.9 $\frac{9}{16}$ 的分子和分母有互質嗎？

詳解：$(9,16)=1$，9 和 16 互質。

4.10 $\frac{12}{25}$ 的分子和分母有互質嗎？

詳解：$(12,25)=1$，因為 12 和 25 互質。

如果分數的分母和分子不是互質，就可以化簡，化簡的動作叫做**約分**。我們在做約分的時候，只要找到分母和分子的**最大公因數**，就成功了。

4-11 $\dfrac{48}{64}$ 的最簡分數

詳解：

48 和 64 的最大公因數是 16

$$\frac{48}{64} = \frac{16 \times 3}{16 \times 4} = \frac{3}{4}$$

4-12 $\dfrac{34}{85}$ 的最簡分數

詳解：

34 和 85 的最大公因數是 17

$$\frac{34}{85} = \frac{17 \times 2}{17 \times 5} = \frac{2}{5}$$

4-13 $\dfrac{65}{91}$ 的最簡分數

詳解：

65 和 91 的最大公因數是 13

$$\frac{65}{91} = \frac{13 \times 5}{13 \times 7} = \frac{5}{7}$$

4-14 $\dfrac{84}{56}$ 的最簡分數

詳解：

84 和 56 的最大公因數是 28

$$\frac{84}{56} = \frac{28 \times 3}{28 \times 2} = \frac{3}{2}$$

4-15 $\dfrac{50}{125}$ 的最簡分數

詳解：

50 和 125 的最大公因數是 25

$$\frac{50}{125} = \frac{25 \times 2}{25 \times 5} = \frac{2}{5}$$

4-16 $\dfrac{28}{126}$ 的最簡分數

詳解：

28 和 126 的最大公因數是 14

$$\frac{28}{126} = \frac{1\!\!/4 \times 2}{1\!\!/4 \times 9} = \frac{2}{9}$$

4-1 $\dfrac{4}{5} = \dfrac{(\quad)}{10} = \dfrac{(\quad)}{15}$

4-2 $\dfrac{3}{4} = \dfrac{(\quad)}{12} = \dfrac{(\quad)}{24}$

4-3 $\dfrac{4}{7} = \dfrac{8}{(\quad)} = \dfrac{28}{(\quad)}$

4-4 $\dfrac{5}{10} = \dfrac{(\quad)}{20} = \dfrac{(\quad)}{100}$

4-5 $\dfrac{4}{10} = \dfrac{(\quad)}{15} = \dfrac{(\quad)}{25}$

4-6 $\dfrac{6}{8} = \dfrac{(\quad)}{16} = \dfrac{(\quad)}{24}$

4-7 $\dfrac{(\quad)}{16} = \dfrac{21}{56} = \dfrac{(\quad)}{24}$

四則運算

4-8　　$\dfrac{10}{7}=\dfrac{20}{(\ \ )}=\dfrac{40}{(\ \ )}$

4-9　　化簡 $\dfrac{25}{40}$。

4-10　　化簡 $\dfrac{40}{64}$。

4-11　　化簡 $\dfrac{56}{49}$。

4-12　　化簡 $\dfrac{21}{35}$。

4-13　　化簡 $\dfrac{160}{120}$。

4-14　　化簡 $\dfrac{77}{121}$。

4-15　　化簡 $\dfrac{62}{93}$。

4-16　　化簡 $\dfrac{17}{340}$。

4-17　　化簡 $\dfrac{84}{40}$。

4-18　　化簡 $\dfrac{20}{125}$。

約分與擴分

習題	解答	習題	解答
4-1	8、12	4-2	9、18
4-3	14、49	4-4	10、50
4-5	6、10	4-6	12、18
4-7	6、9	4-8	14、28
4-9	$\dfrac{5}{8}$	4-10	$\dfrac{5}{8}$
4-11	$\dfrac{8}{7}$	4-12	$\dfrac{3}{5}$
4-13	$\dfrac{4}{3}$	4-14	$\dfrac{7}{11}$
4-15	$\dfrac{2}{3}$	4-16	$\dfrac{1}{20}$
4-17	$\dfrac{21}{10}$	4-18	$\dfrac{4}{25}$

四則運算

2.5 節　通分和比較兩個數的大小

每一個國家有不同的語言，兩個國家要互相來往，必須要有共同的國際語言，才能夠溝通做朋友，數學叫做「通分」。

有些分數是可以立刻看出他們的大小的，

例如：$\dfrac{3}{4} > \dfrac{1}{4}$，$\dfrac{3}{2} > \dfrac{1}{2}$，$\dfrac{7}{5} > \dfrac{2}{5}$，

$\qquad -\dfrac{1}{2} > -\dfrac{3}{2}$，$-\dfrac{1}{3} > -\dfrac{2}{3}$。

但是有些分數的大小，是不容易看得出來的，如：

$\dfrac{2}{3}$ 和 $\dfrac{1}{5}$、$\dfrac{11}{6}$ 和 $\dfrac{4}{3}$、$\dfrac{3}{5}$ 和 $\dfrac{5}{12}$、$\dfrac{8}{7}$ 和 $\dfrac{10}{9}$。

一般說來，要比較兩個數字的大小，就必須做通分，通分是將兩分數的分母弄成一樣的，即使其分母成為兩原分母的最小公倍數。

通分 $\dfrac{1}{2}$ 和 $\dfrac{1}{3}$：

$\dfrac{1}{2} = \dfrac{1 \times 3}{2 \times 3} = \dfrac{3}{6}$

$\dfrac{1}{3} = \dfrac{1 \times 2}{3 \times 2} = \dfrac{2}{6}$

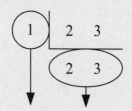

最小公倍數為：$1 \times 2 \times 3 = 6$

5-1　通分 $\dfrac{1}{6}$ 和 $\dfrac{1}{9}$

$$\dfrac{1}{6} = \dfrac{1 \times 3}{6 \times 3} = \dfrac{3}{18}$$

$$\dfrac{1}{9} = \dfrac{1 \times 2}{9 \times 2} = \dfrac{2}{18}$$

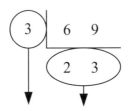

最小公倍數為：$3 \times 2 \times 3 = 18$

5-2　通分 $\dfrac{3}{4}$ 和 $\dfrac{5}{6}$

$$\dfrac{3}{4} = \dfrac{3 \times 3}{4 \times 3} = \dfrac{9}{12}$$

$$\dfrac{5}{6} = \dfrac{5 \times 2}{6 \times 2} = \dfrac{10}{12}$$

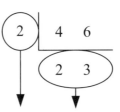

最小公倍數為：$2 \times 2 \times 3 = 12$

四則運算

5.3

通分 $\dfrac{5}{6}$ 和 $\dfrac{7}{9}$

$$\dfrac{5}{6} = \dfrac{5 \times 3}{6 \times 3} = \dfrac{15}{18}$$

$$\dfrac{7}{9} = \dfrac{7 \times 2}{9 \times 2} = \dfrac{14}{18}$$

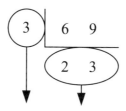

最小公倍數為：$3 \times 2 \times 3 = 18$

要做兩個分數的通分，我們只要求兩個分母的最小公倍數就可以了。

5.4

通分 $\dfrac{2}{3}$ 和 $\dfrac{1}{6}$

3 和 6 的最小公倍數是 6

$$\dfrac{2}{3} = \dfrac{2 \times 2}{3 \times 2} = \dfrac{4}{6}$$

$$\dfrac{1}{6} = \dfrac{1 \times 1}{6 \times 1} = \dfrac{1}{6}$$

5.5

通分 $\dfrac{5}{6}$ 和 $\dfrac{3}{4}$

6 和 4 的最小公倍數是 12

$$\dfrac{5}{6} = \dfrac{5 \times 2}{6 \times 2} = \dfrac{10}{12}$$

$$\dfrac{3}{4} = \dfrac{3 \times 3}{4 \times 3} = \dfrac{9}{12}$$

5.6

通分 $\dfrac{4}{15}$ 和 $\dfrac{7}{6}$

15 和 6 的最小公倍數是 30

$$\dfrac{4}{15} = \dfrac{4 \times 2}{15 \times 2} = \dfrac{8}{30}$$

$$\dfrac{7}{6} = \dfrac{7 \times 5}{6 \times 5} = \dfrac{35}{30}$$

5.7

通分 $\dfrac{1}{4}$ 和 $\dfrac{1}{6}$

4 和 6 的最小公倍數是 12

$$\dfrac{1}{4} = \dfrac{1 \times 3}{4 \times 3} = \dfrac{3}{12}$$

$$\dfrac{1}{6} = \dfrac{1 \times 2}{6 \times 2} = \dfrac{2}{12}$$

5.8

通分 $\dfrac{2}{9}$ 和 $\dfrac{1}{6}$

9 和 6 的最小公倍數是 18

$$\dfrac{2}{9} = \dfrac{2 \times 2}{9 \times 2} = \dfrac{4}{18}$$

$$\dfrac{1}{6} = \dfrac{1 \times 3}{6 \times 3} = \dfrac{3}{18}$$

5.9

通分 $\dfrac{5}{12}$ 和 $\dfrac{4}{9}$

12 和 9 的最小公倍數是 36

$$\dfrac{5}{12} = \dfrac{5 \times 3}{12 \times 3} = \dfrac{15}{36}$$

$$\dfrac{4}{9} = \dfrac{4 \times 4}{9 \times 4} = \dfrac{16}{36}$$

5-10 通分 $\dfrac{12}{25}$ 和 $\dfrac{4}{15}$

25 和 15 的最小公倍數是 75

$$\dfrac{12}{25} = \dfrac{12 \times 3}{25 \times 3} = \dfrac{36}{75}$$

$$\dfrac{4}{15} = \dfrac{4 \times 5}{15 \times 5} = \dfrac{20}{75}$$

5-11 通分 $\dfrac{6}{35}$ 和 $\dfrac{7}{15}$

35 和 15 的最小公倍數是 105

$$\dfrac{6}{35} = \dfrac{6 \times 3}{35 \times 3} = \dfrac{18}{105}$$

$$\dfrac{7}{15} = \dfrac{7 \times 7}{15 \times 7} = \dfrac{49}{105}$$

要比較兩個分數的大小，我們必須通分。

5-12 比較 $\dfrac{1}{2}$ 和 $\dfrac{1}{3}$

$$\dfrac{1}{2} = \dfrac{1 \times 3}{2 \times 3} = \dfrac{3}{6}$$

$$\dfrac{1}{3} = \dfrac{1 \times 2}{3 \times 2} = \dfrac{2}{6} \qquad \therefore \dfrac{1}{2} > \dfrac{1}{3}$$

5-13 比較 $\dfrac{5}{6}$ 和 $\dfrac{4}{9}$

$$\dfrac{5}{6} = \dfrac{5 \times 3}{6 \times 3} = \dfrac{15}{18}$$

$$\dfrac{4}{9} = \dfrac{4 \times 2}{9 \times 2} = \dfrac{8}{18} \qquad \therefore \dfrac{5}{6} > \dfrac{4}{9}$$

5-**14**

比較 $\dfrac{7}{4}$ 和 $\dfrac{11}{6}$

$$\dfrac{7}{4} = \dfrac{7 \times 3}{4 \times 3} = \dfrac{21}{12}$$

$$\dfrac{11}{6} = \dfrac{11 \times 2}{6 \times 2} = \dfrac{22}{12} \qquad \therefore \dfrac{7}{4} < \dfrac{11}{6}$$

5-**15**

比較 $\dfrac{2}{15}$ 和 $\dfrac{4}{25}$

$$\dfrac{2}{15} = \dfrac{2 \times 5}{15 \times 5} = \dfrac{10}{75}$$

$$\dfrac{4}{25} = \dfrac{4 \times 3}{25 \times 3} = \dfrac{12}{75} \qquad \therefore \dfrac{2}{15} < \dfrac{4}{25}$$

5-**16**

比較 $\dfrac{5}{26}$ 和 $\dfrac{7}{39}$

$$\dfrac{5}{26} = \dfrac{5 \times 3}{26 \times 3} = \dfrac{15}{78}$$

$$\dfrac{7}{39} = \dfrac{7 \times 2}{39 \times 2} = \dfrac{14}{78} \qquad \therefore \dfrac{5}{26} > \dfrac{7}{39}$$

5-**17**

比較 $\dfrac{13}{34}$ 和 $\dfrac{26}{51}$

$$\dfrac{13}{34} = \dfrac{13 \times 3}{34 \times 3} = \dfrac{39}{102}$$

$$\dfrac{26}{51} = \dfrac{26 \times 2}{51 \times 2} = \dfrac{52}{102} \qquad \therefore \dfrac{13}{34} < \dfrac{26}{51}$$

5-**18**

比較 $-\dfrac{2}{3}$ 和 $-\dfrac{1}{2}$

$$-\dfrac{2}{3} = -\dfrac{2 \times 2}{3 \times 2} = -\dfrac{4}{6}$$

$$-\dfrac{1}{2} = -\dfrac{1 \times 3}{2 \times 3} = -\dfrac{3}{6} \qquad \therefore -\dfrac{2}{3} < -\dfrac{1}{2}$$

四則運算

5-19

比較 $-\dfrac{5}{6}$ 和 $-\dfrac{3}{4}$

$$-\dfrac{5}{6} = -\dfrac{5 \times 2}{6 \times 2} = -\dfrac{10}{12}$$

$$-\dfrac{3}{4} = -\dfrac{3 \times 3}{4 \times 3} = -\dfrac{9}{12} \qquad -\dfrac{5}{6} < -\dfrac{3}{4}$$

5-20

比較 -1 和 $-\dfrac{1}{2}$

$$-1 = -\dfrac{2}{2}$$

$$-\dfrac{1}{2} = -\dfrac{1}{2} \qquad \therefore -1 < -\dfrac{1}{2}$$

通分和比較兩個數的大小

115

5-1 通分 $\frac{1}{3}$ 和 $\frac{1}{7}$ 。

5-2 通分 $\frac{1}{9}$ 和 $\frac{1}{27}$ 。

5-3 通分 $\frac{1}{6}$ 和 $\frac{3}{8}$ 。

5-4 通分 $\frac{1}{20}$ 和 $\frac{4}{12}$ 。

5-5 通分 $\frac{2}{16}$ 和 $\frac{5}{14}$ 。

5-6 通分 $\frac{13}{21}$ 和 $\frac{5}{6}$ 。

5-7 通分 $\frac{1}{18}$ 和 $\frac{5}{21}$ 。

5-8 通分 $\frac{7}{13}$ 和 $\frac{1}{3}$ 。

5-9 通分 $\frac{2}{11}$ 和 $\frac{1}{2}$ 。

5-10 $\frac{2}{5}$ 和 $\frac{3}{5}$ 那一個比較大？

四則運算

5.11 $\dfrac{8}{10}$ 和 $\dfrac{5}{10}$ 那一個比較大？

5.12 $\dfrac{3}{13}$ 和 $\dfrac{11}{13}$ 那一個比較大？

5.13 $-\dfrac{2}{14}$ 和 $-\dfrac{9}{14}$ 那一個比較大？

5.14 比較大小 $\dfrac{1}{3}$ 和 $\dfrac{1}{4}$。

5.15 比較大小 $-\dfrac{2}{9}$ 和 $-\dfrac{1}{7}$。

5.16 比較大小 $-\dfrac{3}{7}$ 和 $-\dfrac{5}{13}$。

5.17 比較大小 $\dfrac{5}{8}$ 和 $\dfrac{6}{9}$。

5.18 比較大小 $-\dfrac{7}{21}$ 和 $-\dfrac{4}{9}$。

通分和比較兩個數的大小

習題	解答	習題	解答
5-1	$\dfrac{1}{3}=\dfrac{7}{21}$, $\dfrac{1}{7}=\dfrac{3}{21}$	5-2	$\dfrac{1}{9}=\dfrac{3}{27}$, $\dfrac{1}{27}=\dfrac{1}{27}$
5-3	$\dfrac{1}{6}=\dfrac{4}{24}$, $\dfrac{3}{8}=\dfrac{9}{24}$	5-4	$\dfrac{1}{20}=\dfrac{3}{60}$, $\dfrac{4}{12}=\dfrac{20}{60}$
5-5	$\dfrac{2}{16}=\dfrac{14}{112}$, $\dfrac{5}{14}=\dfrac{40}{112}$	5-6	$\dfrac{13}{21}=\dfrac{26}{42}$, $\dfrac{5}{6}=\dfrac{35}{42}$
5-7	$\dfrac{1}{18}=\dfrac{7}{126}$, $\dfrac{5}{21}=\dfrac{30}{126}$	5-8	$\dfrac{7}{13}=\dfrac{21}{39}$, $\dfrac{1}{3}=\dfrac{13}{39}$
5-9	$\dfrac{2}{11}=\dfrac{4}{22}$, $\dfrac{1}{2}=\dfrac{11}{22}$	5-10	$\dfrac{2}{5}<\dfrac{3}{5}$
5-11	$\dfrac{8}{10}>\dfrac{5}{10}$	5-12	$\dfrac{3}{13}<\dfrac{11}{13}$
5-13	$-\dfrac{2}{14}>-\dfrac{9}{14}$	5-14	$\dfrac{1}{3}>\dfrac{1}{4}$
5-15	$-\dfrac{2}{9}<-\dfrac{1}{7}$	5-16	$-\dfrac{3}{7}<-\dfrac{5}{13}$
5-17	$\dfrac{5}{8}<\dfrac{6}{9}$	5-18	$-\dfrac{7}{21}>-\dfrac{4}{9}$

四則運算

2.6 節　分數的加減

分數在加減以前，一定要通分。

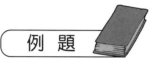

例　題

6-1
$$\frac{1}{2}+\frac{1}{3}=\frac{1\times3}{2\times3}+\frac{1\times2}{3\times2}=\frac{3}{6}+\frac{2}{6}=\frac{5}{6}$$

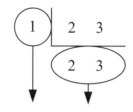

2 和 3 最小公倍數為：$1\times2\times3=6$

6-2
$$\frac{5}{4}+\frac{1}{6}=\frac{5\times3}{4\times3}+\frac{1\times2}{6\times2}=\frac{15}{12}+\frac{2}{12}=\frac{17}{12}$$

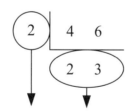

4 和 6 最小公倍數為：$2\times2\times3=12$

6-3
$$\frac{2}{9}-\frac{1}{6}=\frac{2\times2}{9\times2}-\frac{1\times3}{6\times3}=\frac{4}{18}-\frac{3}{18}=\frac{4-3}{18}=\frac{1}{18}$$

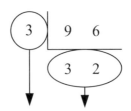

9和6最小公倍數為：$3\times3\times2=18$

6-4
$$\frac{1}{8}-\frac{5}{12}=\frac{1\times3}{8\times3}-\frac{5\times2}{12\times2}=\frac{3}{24}-\frac{10}{24}=\frac{3-10}{24}=-\frac{7}{24}$$

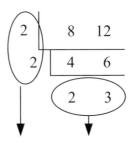

8和12最小公倍數為：$2\times2\times2\times3=24$

6-5
$$\frac{5}{6}-\frac{3}{4}=\frac{5\times2}{6\times2}-\frac{3\times3}{4\times3}$$
$$=\frac{10}{12}-\frac{9}{12}$$
$$=\frac{10-9}{12}=\frac{1}{12}$$

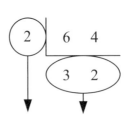

6和4最小公倍數為：$2\times3\times2=12$

四則運算

6-6

$$\frac{3}{4} - \frac{1}{6} = \frac{3 \times 3}{4 \times 3} - \frac{1 \times 2}{6 \times 2}$$

$$= \frac{9}{12} - \frac{2}{12} = \frac{7}{12}$$

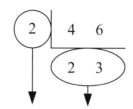

4和6最小公倍數為：$2 \times 2 \times 3 = 12$

6-7

$$-\frac{1}{6} - \frac{1}{9} = -\frac{1 \times 3}{6 \times 3} - \frac{1 \times 2}{9 \times 2} = -\frac{3}{18} - \frac{2}{18} = -\frac{5}{18}$$

6-8

$$-\frac{4}{15} + \frac{7}{6} = -\frac{4 \times 2}{15 \times 2} + \frac{7 \times 5}{6 \times 5} = -\frac{8}{30} + \frac{35}{30} = \frac{-8+35}{30} = \frac{27}{30} = \frac{9}{10}$$

6-9

$$-\frac{9}{11} + \frac{2}{6} = -\frac{9 \times 6}{11 \times 6} + \frac{2 \times 11}{6 \times 11} = -\frac{54}{66} + \frac{22}{66} = \frac{-54+22}{66} = -\frac{32}{66} = -\frac{16}{33}$$

6-10

$$-\frac{9}{5} + \frac{13}{20} = -\frac{9 \times 4}{5 \times 4} + \frac{13}{20} = -\frac{36}{20} + \frac{13}{20} = \frac{-36+13}{20} = -\frac{23}{20}$$

6-11

$$-\frac{3}{25} - \left(-\frac{7}{5}\right) = -\frac{3}{25} + \frac{7}{5} = -\frac{3}{25} + \frac{35}{25} = \frac{-3+35}{25} = \frac{32}{25}$$

6-12

$$\frac{1}{3} - \left(-\frac{1}{4}\right) = \frac{1}{3} + \frac{1}{4} = \frac{1 \times 4}{3 \times 4} + \frac{1 \times 3}{4 \times 3} = \frac{4}{12} + \frac{3}{12} = \frac{4+3}{12} = \frac{7}{12}$$

6-13

$$\left(-\frac{1}{18}\right) + \left(-\frac{5}{6}\right) = \left(-\frac{1}{18}\right) + \left(-\frac{15}{18}\right) = -\frac{16}{18} = -\frac{8}{9}$$

6-14　$1 - \dfrac{1}{3} = \dfrac{3}{3} - \dfrac{1}{3} = \dfrac{3-1}{3} = \dfrac{2}{3}$

6-15　$2 + \dfrac{1}{3} = \dfrac{6}{3} + \dfrac{1}{3} = \dfrac{6+1}{3} = \dfrac{7}{3}$

6-16　$-1 - \dfrac{1}{3} = -\dfrac{3}{3} - \dfrac{1}{3} = \dfrac{-3-1}{3} = \dfrac{-4}{3} = -\dfrac{4}{3}$

6-17　$-2 + \dfrac{1}{3} = -\dfrac{6}{3} + \dfrac{1}{3} = \dfrac{-6+1}{3} = \dfrac{-5}{3} = -\dfrac{5}{3}$

習 題

6-1　$\dfrac{1}{3} + \dfrac{1}{4} =$

6-2　$\dfrac{1}{2} + \dfrac{2}{5} =$

6-3　$\dfrac{1}{3} + \dfrac{3}{7} =$

6-4　$\dfrac{3}{5} + \dfrac{2}{6} =$

6-5　$\dfrac{4}{7} + \dfrac{2}{9} =$

四則運算

6.6 $\dfrac{2}{6} + \dfrac{7}{10} =$

6.7 $\dfrac{3}{20} + \dfrac{2}{30} =$

6.8 $\dfrac{2}{7} - \dfrac{3}{8} =$

6.9 $\dfrac{5}{8} - \dfrac{2}{5} =$

6.10 $\dfrac{3}{6} + \dfrac{1}{7} =$

6.11 $\dfrac{1}{3} - \dfrac{1}{4} =$

6.12 $\dfrac{7}{13} - \dfrac{2}{5} =$

6.13 $\dfrac{5}{11} - \dfrac{1}{7} =$

6.14 $\dfrac{4}{9} - \dfrac{3}{8} =$

6.15 $-\dfrac{6}{7} + \dfrac{2}{3} =$

6.16 $-\dfrac{5}{12} + \dfrac{3}{4} =$

分數的加減

6-17　$-\dfrac{3}{8}-\dfrac{2}{3}=$

6-18　$-\dfrac{3}{7}-\dfrac{4}{11}=$

6-19　$-\dfrac{3}{10}-\dfrac{2}{8}=$

6-20　$-\dfrac{4}{14}-\dfrac{6}{7}=$

6-21　$-\dfrac{9}{11}-\dfrac{7}{10}=$

6-22　$\left(-\dfrac{1}{6}\right)+\left(-\dfrac{1}{9}\right)=$

6-23　$\left(-\dfrac{1}{18}\right)-\left(-\dfrac{5}{6}\right)=$

6-24　$\left(-\dfrac{1}{3}\right)-\left(-\dfrac{3}{4}\right)=$

6-25　$\left(-\dfrac{3}{25}\right)+\left(-\dfrac{7}{5}\right)=$

習題解答

習題	解答	習題	解答
6-1	$\dfrac{7}{12}$	6-2	$\dfrac{9}{10}$
6-3	$\dfrac{16}{21}$	6-4	$\dfrac{14}{15}$
6-5	$\dfrac{50}{63}$	6-6	$\dfrac{31}{30}$
6-7	$\dfrac{13}{60}$	6-8	$-\dfrac{5}{56}$
6-9	$\dfrac{9}{40}$	6-10	$\dfrac{9}{14}$
6-11	$\dfrac{1}{12}$	6-12	$\dfrac{9}{65}$
6-13	$\dfrac{24}{77}$	6-14	$\dfrac{5}{72}$
6-15	$-\dfrac{4}{21}$	6-16	$\dfrac{1}{3}$
6-17	$-\dfrac{25}{24}$	6-18	$-\dfrac{61}{77}$
6-19	$-\dfrac{11}{20}$	6-20	$-\dfrac{8}{7}$
6-21	$-\dfrac{167}{110}$	6-22	$-\dfrac{5}{18}$
6-23	$\dfrac{7}{9}$	6-24	$\dfrac{5}{12}$
6-25	$-\dfrac{38}{25}$		

分數的加減

2.7 節　帶分數

我們常常會看到$1\frac{3}{8}$，$2\frac{1}{4}$，$3\frac{3}{4}$等等，他們是什麼意思呢？

$1\frac{3}{8}$就是$1+\frac{3}{8}$

$2\frac{1}{4}$就是$2+\frac{1}{4}$

$3\frac{3}{4}$就是$3+\frac{3}{4}$

例　題

7-1
$$1\frac{3}{8} = \frac{1}{1} + \frac{3}{8} = \frac{8}{8} + \frac{3}{8} = \frac{11}{8}$$

7-2
$$2\frac{1}{4} = \frac{2}{1} + \frac{1}{4} = \frac{8}{4} + \frac{1}{4} = \frac{9}{4}$$

7-3
$$-3\frac{3}{4} = -\left(3 + \frac{3}{4}\right) = -\left(\frac{3}{1} + \frac{3}{4}\right) = -\left(\frac{12}{4} + \frac{3}{4}\right) = -\frac{15}{4}$$

7-4
$$1\frac{3}{5} = \frac{1}{1} + \frac{3}{5} = \frac{5}{5} + \frac{3}{5} = \frac{8}{5}$$

我們也可以直接計算帶分數。

7-5
$$1\frac{1}{4} = \frac{1 \times 4 + 1}{4} = \frac{5}{4}$$

7-**6** $2\frac{2}{3} = \frac{2 \times 3 + 2}{3} = \frac{8}{3}$

7-**7** $3\frac{3}{4} = \frac{3 \times 4 + 3}{4} = \frac{15}{4}$

7-**8** $2\frac{5}{7} = \frac{2 \times 7 + 5}{7} = \frac{19}{7}$

以下是分數的加減法例子。

7-**9** $\dfrac{1}{4} - 1\dfrac{3}{4} = \dfrac{1}{4} - \dfrac{1 \times 4 + 3}{4} = \dfrac{1}{4} - \dfrac{7}{4} = \dfrac{1-7}{4} = \dfrac{-6}{4} = \dfrac{-3}{2} = -\dfrac{3}{2}$

7-**10** $\dfrac{4}{3} - 1\dfrac{1}{4} = \dfrac{4}{3} - \dfrac{1 \times 4 + 1}{4} = \dfrac{4}{3} - \dfrac{5}{4} = \dfrac{4 \times 4}{3 \times 4} - \dfrac{5 \times 3}{4 \times 3} = \dfrac{16}{12} - \dfrac{15}{12} = \dfrac{1}{12}$

7-**11** $\dfrac{6}{5} - 1\dfrac{1}{5} = \dfrac{6}{5} - \dfrac{1 \times 5 + 1}{5} = \dfrac{6}{5} - \dfrac{6}{5} = 0$

7-**12** $2\dfrac{1}{4} - \dfrac{2}{3} = \dfrac{2 \times 4 + 1}{4} - \dfrac{2}{3} = \dfrac{9}{4} - \dfrac{2}{3} = \dfrac{9 \times 3}{4 \times 3} - \dfrac{2 \times 4}{3 \times 4} = \dfrac{27}{12} - \dfrac{8}{12} = \dfrac{27-8}{12} = \dfrac{19}{12}$

7-**13** $-1\dfrac{2}{3} + \dfrac{5}{2} = -\dfrac{1 \times 3 + 2}{3} + \dfrac{5}{2} = -\dfrac{5}{3} + \dfrac{5}{2} = \dfrac{-5 \times 2}{3 \times 2} + \dfrac{5 \times 3}{2 \times 3}$

$= \dfrac{-10}{6} + \dfrac{15}{6} = \dfrac{-10+15}{6} = \dfrac{5}{6}$

7-**14** $3\dfrac{1}{5} - 2\dfrac{1}{4} = \dfrac{3 \times 5 + 1}{5} - \dfrac{2 \times 4 + 1}{4} = \dfrac{16}{5} - \dfrac{9}{4} = \dfrac{16 \times 4}{5 \times 4} - \dfrac{9 \times 5}{4 \times 5}$

$= \dfrac{64}{20} - \dfrac{45}{20} = \dfrac{64-45}{20} = \dfrac{19}{20}$

7-15

$$-\frac{1}{4}-\left(-1\frac{1}{5}\right)=-\frac{1}{4}-\left(-\frac{1\times5+1}{5}\right)=-\frac{1}{4}+\frac{6}{5}=-\frac{1\times5}{4\times5}+\frac{6\times4}{5\times4}$$

$$=-\frac{5}{20}+\frac{24}{20}=\frac{-5+24}{20}=\frac{19}{20}$$

1. （　）已知甲 $= -2\dfrac{3}{8}$、乙 $= -2+\dfrac{3}{8}$、丙 $= -1.375$，請問下列哪一個選項是正確的？【91.基本學測二-6】

　　(A)甲=乙　　(B)乙=丙　　(C)甲<乙<丙　　(D)甲<丙<乙

解答：C

詳解：甲 $= -2\dfrac{3}{8} = -2-\dfrac{3}{8}$

乙 $= -2+\dfrac{3}{8}$

丙 $= -1.375 = -1-\dfrac{3}{8}$　　∴ 甲<乙<丙

2. （　）已知甲 $= 4\dfrac{3}{8}$、乙 $= 4\times\dfrac{3}{8}$、丙 $= 4+\dfrac{3}{8}$，比較甲、乙、丙三數的大小，下列敘述何者正確？【93.基本學測一-1】

　　(A)甲=乙　　(B)甲=丙　　(C)甲<乙　　(D)甲<丙

解答：B

詳解：甲 $= 4\dfrac{3}{8} = 4+\dfrac{3}{8}$

乙 $= 4\times\dfrac{3}{8}$

丙 $= 4+\dfrac{3}{8}$　　∴ 甲=丙

7.1 　將帶分數 $1\dfrac{1}{7}$ 化成假分數。

7.2 　將帶分數 $1\dfrac{4}{6}$ 化成假分數。

7.3 　將帶分數 $2\dfrac{3}{5}$ 化成假分數。

7.4 　將帶分數 $2\dfrac{2}{9}$ 化成假分數。

7.5 　將帶分數 $3\dfrac{4}{11}$ 化成假分數。

7.6 　將帶分數 $4\dfrac{9}{10}$ 化成假分數。

7.7 　將帶分數 $2\dfrac{6}{7}$ 化成假分數。

7.8 　將帶分數 $1\dfrac{3}{2}$ 化成假分數。

7.9 　將帶分數 $5\dfrac{7}{10}$ 化成假分數。

7.10 　將帶分數 $7\dfrac{3}{8}$ 化成假分數。

四則運算

7.11 $\dfrac{1}{7} - 1\dfrac{3}{7} =$

7.12 $\dfrac{2}{5} - 2\dfrac{4}{5} =$

7.13 $\dfrac{2}{3} - 2\dfrac{1}{4} =$

7.14 $\dfrac{6}{7} - 1\dfrac{2}{11} =$

7.15 $2\dfrac{1}{3} - 4\dfrac{2}{10} =$

7.16 $1\dfrac{3}{7} - 2\dfrac{2}{6} =$

7.17 $-\dfrac{2}{11} - \left(-1\dfrac{2}{5} \right) =$

7.18 $-\dfrac{1}{7} - \left(-2\dfrac{2}{3} \right) =$

帶分數

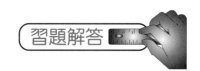

習題	解答	習題	解答
7-1	$\dfrac{8}{7}$	7-2	$\dfrac{5}{3}$
7-3	$\dfrac{13}{5}$	7-4	$\dfrac{20}{9}$
7-5	$\dfrac{37}{11}$	7-6	$\dfrac{49}{10}$
7-7	$\dfrac{20}{7}$	7-8	$\dfrac{5}{2}$
7-9	$\dfrac{57}{10}$	7-10	$\dfrac{59}{8}$
7-11	$-\dfrac{9}{7}$	7-12	$-\dfrac{12}{5}$
7-13	$-\dfrac{19}{12}$	7-14	$-\dfrac{25}{77}$
7-15	$-\dfrac{28}{15}$	7-16	$-\dfrac{19}{21}$
7-17	$\dfrac{67}{55}$	7-18	$\dfrac{53}{21}$

四則運算

2.8 節　分數的乘法與四則運算

分數的乘法：

(1) 分數和整數相乘時，分子乘以整數。

(2) 分數的乘法很簡易，如果有帶分數，要將帶分數化成假分數，
然後分母乘分母，分子乘分子，但是可以進行分母和分子之間
的約分，而且先約分後再乘，會比較好算。

例　題

8-1
$$\frac{4}{5} \times 12 = \frac{4 \times 12}{5 \times 1} = \frac{48}{5} = 9\frac{3}{5}$$

8-2
$$\frac{8}{12} \times 4 = \frac{8 \times 4}{12 \times 1} = \frac{32}{12} = \frac{8}{3} = 2\frac{2}{3}$$

8-3
$$\frac{4}{7} \times 3 = \frac{4 \times 3}{7 \times 1} = \frac{12}{7} = 1\frac{5}{7}$$

8-4
$$\frac{10}{12} \times (-3) = \frac{10 \times (-3)}{12 \times 1} = \frac{-30}{12} = -\frac{30}{12} = -\frac{5}{2} = -2\frac{1}{2}$$

8-5
$$\left(\frac{-7}{8}\right) \times 24 = \frac{-7 \times 24}{8 \times 1} = -7 \times 3 = -21$$

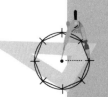

8-**6**
$$1\frac{4}{5}\times 7 = \frac{9\times 7}{5\times 1} = \frac{63}{5} = 12\frac{3}{5}$$

8-**7**
$$1\frac{3}{4}\times 5 = \frac{7\times 5}{4\times 1} = \frac{35}{4} = 8\frac{3}{4}$$

8-**8**
$$2\frac{7}{9}\times(-9) = \frac{25\times(-9)}{9\times 1} = -25$$

8-**9**
$$\frac{7}{9}\times\frac{2}{7} = \frac{7\times 2}{9\times 7} = \frac{2}{9}$$

8-**10**
$$\frac{7}{11}\times\frac{44}{14} = \frac{7\times 44}{11\times 14} = \frac{4}{2} = 2$$

8-**11**
$$\left(-\frac{12}{13}\right)\times\frac{1}{2} = -\frac{6}{13}$$

8-**12**
$$\frac{8}{7}\times\left(\frac{-3}{8}\right) = -\frac{3}{7}$$

8-**13**
$$\left(\frac{-4}{9}\right)\times\left(\frac{-18}{20}\right) = \frac{2}{5}$$

8-**14**
$$\left(\frac{-7}{4}\right)\times\left(\frac{-8}{10}\right) = \frac{7}{5} = 1\frac{2}{5}$$

8-**15**
$$\frac{7}{15}\times 1\frac{4}{5} = \frac{7}{15}\times\frac{9}{5} = \frac{21}{25}$$

8-**16**
$$\frac{4}{5}\times 1\frac{7}{8} = \frac{4}{5}\times\frac{15}{8} = \frac{3}{2} = 1\frac{1}{2}$$

8-17 $(\dfrac{-12}{15}) \times (-1\dfrac{1}{4}) = \dfrac{-12}{15} \times \dfrac{-5}{4} = 1$

8-18 $(\dfrac{-8}{5}) \times 1\dfrac{7}{8} = \dfrac{-8}{5} \times \dfrac{15}{8} = -3$

分數的除法：

分數的除法中，必須先將除數轉變成除數的倒數，再將被除數與除數的倒數相乘即為答案。在運算中所有的分數皆為真分數或假分數。正負號的判斷與整數相同。

8-19 $\dfrac{7}{8} \div \dfrac{1}{4} = \dfrac{7}{8} \times \dfrac{4}{1} = \dfrac{7}{2} = 3\dfrac{1}{2}$

8-20 $\dfrac{9}{16} \div \dfrac{3}{8} = \dfrac{9}{16} \times \dfrac{8}{3} = \dfrac{3}{2} = 1\dfrac{1}{2}$

8-21 $\dfrac{5}{7} \div \left(-\dfrac{6}{8}\right) = \dfrac{5}{7} \times \left(-\dfrac{8}{6}\right) = -\dfrac{5 \times 4}{7 \times 3} = -\dfrac{20}{21}$

8-22 $\dfrac{-3}{18} \div \dfrac{5}{6} = \dfrac{-3}{18} \times \dfrac{6}{5} = \dfrac{-1}{5} = -\dfrac{1}{5}$

8-23 $\left(-\dfrac{7}{6}\right) \div \left(-\dfrac{7}{3}\right) = \dfrac{-7}{6} \times \dfrac{-3}{7} = \dfrac{1}{2}$

8-24 $\dfrac{3}{4} \div 6 = \dfrac{3}{4} \times \dfrac{1}{6} = \dfrac{1}{8}$

8-25
$$\frac{7}{8} \div 14 = \frac{7}{8} \times \frac{1}{14} = \frac{1}{16}$$

8-26
$$\frac{9}{5} \div (-18) = \frac{9}{5} \times \left(-\frac{1}{18}\right) = \frac{-1}{10}$$

8-27
$$\left(-\frac{8}{10}\right) \div 5 = \left(-\frac{8}{10}\right) \times \frac{1}{5} = \frac{-4}{25} = -\frac{4}{25}$$

8-28
$$1\frac{2}{3} \div 10 = \frac{5}{3} \times \frac{1}{10} = \frac{1}{6}$$

8-29
$$2\frac{3}{4} \div (-11) = \frac{11}{4} \times \left(\frac{-1}{11}\right) = -\frac{1}{4}$$

8-30
$$-1\frac{3}{4} \div (-7) = \left(\frac{-7}{4}\right) \times \left(\frac{-1}{7}\right) = \frac{1}{4}$$

8-31
$$2\frac{2}{5} \div \frac{3}{5} = \frac{12}{5} \times \frac{5}{3} = 4$$

8-32
$$4\frac{7}{8} \div \left(-3\frac{1}{4}\right) = \frac{39}{8} \times \left(\frac{-4}{13}\right) = -\frac{3}{2}$$

8-33
$$-5\frac{5}{6} \div \left(-1\frac{3}{4}\right) = \left(\frac{-35}{6}\right) \times \left(\frac{-4}{7}\right) = \frac{10}{3} = 3\frac{1}{3}$$

四則運算

四則運算的兩個規則：(1)先乘除，後加減。(2)先做括號內的運算。
如果式子內有小數，先化成分數再計算。

8-34

$$\frac{1}{3} \times \frac{3}{5} + \frac{4}{15} = \frac{1}{5} + \frac{4}{15} = \frac{3}{15} + \frac{4}{15} = \frac{7}{15}$$

8-35

$$\frac{8}{3} + \frac{3}{8} \div \frac{9}{4} = \frac{8}{3} + \frac{3}{8} \times \frac{4}{9} = \frac{8}{3} + \frac{1}{6} = \frac{16}{6} + \frac{1}{6} = \frac{17}{6} = 2\frac{5}{6}$$

8-36

$$1\frac{3}{5} - \frac{1}{3} \div \frac{2}{3} = \frac{8}{5} - \frac{1}{3} \times \frac{3}{2} = \frac{8}{5} - \frac{1}{2} = \frac{16}{10} - \frac{5}{10} = \frac{11}{10} = 1\frac{1}{10}$$

8-37

$$1\frac{1}{6} \div \frac{7}{12} + \frac{4}{8} \times \frac{2}{3} = \frac{7}{6} \times \frac{12}{7} + \frac{1}{2} \times \frac{2}{3} = 2 + \frac{1}{3} = 2\frac{1}{3}$$

8-38

$$\left(-\frac{1}{3}\right) \div \frac{1}{7} \times \left(3\frac{2}{3} - 2\right) = \left(-\frac{1}{3}\right) \times \frac{7}{1} \times 1\frac{2}{3} = -\frac{7}{3} \times \frac{5}{3} = -\frac{35}{9} = -3\frac{8}{9}$$

8-39

$$\left(-\frac{2}{7}\right) \times \frac{7}{8} - \frac{5}{12} \div \frac{5}{9} = \left(-\frac{1}{4}\right) - \frac{5}{12} \times \frac{9}{5} = -\frac{3}{12} - \frac{3}{4} = -\frac{3}{12} - \frac{9}{12} = -\frac{12}{12} = -1$$

8-40

$$-1\frac{4}{5} + 4\frac{1}{2} \div \frac{3}{5} = -\frac{9}{5} + \frac{9}{2} \times \frac{5}{3} = -\frac{9}{5} + \frac{15}{2} = -\frac{18}{10} + \frac{75}{10} = \frac{57}{10} = 5\frac{7}{10}$$

8-41

$$-0.5 + \frac{3}{11} \times 2\frac{4}{9} = -\frac{5}{10} + \frac{3}{11} \times \frac{22}{9} = -\frac{1}{2} + \frac{2}{3} = -\frac{3}{6} + \frac{4}{6} = \frac{1}{6}$$

8-42

$$-0.8 - 4\frac{7}{8} \div \frac{13}{16} = -\frac{8}{10} - \frac{39}{8} \times \frac{16}{13} = -\frac{4}{5} - 6 = -6\frac{4}{5}$$

8-43

$$\frac{5}{8} + \left(\frac{13}{4} - 1\frac{1}{6}\right) \times 1\frac{4}{5} = \frac{5}{8} + \left(\frac{13}{4} - \frac{7}{6}\right) \times \frac{9}{5} = \frac{5}{8} + \left(\frac{39}{12} - \frac{14}{12}\right) \times \frac{9}{5} = \frac{5}{8} + \frac{25}{12} \times \frac{9}{5}$$

$$= \frac{5}{8} + \frac{15}{4} = \frac{5}{8} + \frac{30}{8} = \frac{35}{8} = 4\frac{3}{8}$$

分數的乘法與四則運算

8-44

$$\left(-\frac{5}{4}+\frac{3}{2}\right)\times 8+\frac{3}{4}=\left(-\frac{5\times 2}{4\times 2}+\frac{3\times 4}{2\times 4}\right)\times 8+\frac{3}{4}=\left(-\frac{10}{8}+\frac{12}{8}\right)\times 8+\frac{3}{4}$$

$$=\left(\frac{2}{8}\right)\times 8+\frac{3}{4}=2+\frac{3}{4}=2\frac{3}{4}$$

8-45

$$\frac{8}{3}+\left(\frac{11}{4}-\frac{1}{4}\right)\times\frac{2}{3}=\frac{8}{3}+\frac{10}{4}\times\frac{2}{3}=\frac{8}{3}+\frac{5}{3}=\frac{13}{3}=4\frac{1}{3}$$

8-46

$$6\frac{1}{6}-\left(\frac{13}{10}+\frac{8}{15}\times 1\frac{1}{4}\right)=6\frac{1}{6}-\left(\frac{13}{10}+\frac{8}{15}\times\frac{5}{4}\right)=6\frac{5}{30}-\left(\frac{39}{30}+\frac{20}{30}\right)$$

$$=6\frac{5}{30}-\frac{59}{30}=6\frac{5}{30}-1\frac{29}{30}=5\frac{35}{30}-1\frac{29}{30}=4\frac{1}{5}$$

1. (　　) 計算 $10 - 4.25 \times \left(\dfrac{3}{17} \div 6 \right) = ?$【90.題本一-4】

   (A) $\dfrac{79}{8}$　(B) $\dfrac{23}{136}$　(C) $\dfrac{11}{2}$　(D) $\dfrac{81}{8}$

   解答：A

   詳解：$10 - \dfrac{425}{100} \times \dfrac{3}{17} \times \dfrac{1}{12} = 10 - \dfrac{1}{8} = \dfrac{79}{8}$

---

2. (　　) 求 $\left(1 + \dfrac{1}{3} \right) \div \left(\dfrac{1}{3} - 1 \right) \times \dfrac{3}{8}$ 之值為何？【92.基本學測一-7】

   (A) $-\dfrac{3}{4}$　(B) $-\dfrac{3}{8}$　(C) $-\dfrac{1}{3}$　(D) $-\dfrac{16}{3}$

   解答：A

   詳解：$\dfrac{4}{3} \div -\dfrac{2}{3} \times \dfrac{3}{8} = \dfrac{4}{3} \times -\dfrac{3}{2} \times \dfrac{3}{8} = -\dfrac{3}{4}$

---

3. (　　) 求 $-9\dfrac{1}{4} - \dfrac{2}{5} \times \left[\dfrac{7}{4} - \left(\dfrac{3}{8} - \dfrac{1}{2} \right) \right]$ 之值為何？【92.基本學測二-24】

   (A) -10　(B) $-\dfrac{99}{10}$　(C) $-\dfrac{17}{2}$　(D) $-\dfrac{43}{5}$

   解答：A

   詳解：$-\dfrac{37}{4} - \dfrac{2}{5} \times \left(\dfrac{14}{8} + \dfrac{1}{8} \right) = -\dfrac{37}{4} - \dfrac{2}{5} \times \dfrac{15}{8} = -10$

分數的乘法與四則運算

4. （　）求 $\left(-\dfrac{1}{7}\right) \div \dfrac{1}{42} \times \dfrac{5}{6} \div \left(-\dfrac{5}{8}\right)$ 之值為何？【93.基本學測一-2】

(A)8　(B)-8　(C)$\dfrac{288}{25}$　(D)$-\dfrac{288}{25}$

解答：A

詳解：$-\dfrac{1}{7} \times 42 \times \dfrac{5}{6} \times -\dfrac{8}{5} = 8$

---

5. （　）$5 - 3 \times \left(\dfrac{7}{12} + \dfrac{1}{4}\right)$ 經計算之後，可得下列哪一個結果？【94.參考題本-1】

(A)$\dfrac{5}{3}$　(B)$\dfrac{5}{2}$　(C)$\dfrac{7}{3}$　(D)4

解答：B

詳解：$5 - 3 \times \left(\dfrac{7}{12} + \dfrac{3}{12}\right) = 5 - 3 \times \dfrac{10}{12} = 5 - \dfrac{5}{2} = \dfrac{5}{2}$

---

6. （　）計算 $3 \times (-9) - 18 \times \left(\dfrac{1}{9} - \dfrac{1}{3}\right)$ 之值為何？【94.基本學測一-4】

(A)-31　(B)-23　(C)-10　(D)10

解答：B

詳解：$-27 - 18 \times \left(\dfrac{1}{9} - \dfrac{3}{9}\right) = -27 - 18 \times -\dfrac{2}{9} = -27 + 4 = -23$

---

7. （　）$7\dfrac{1}{3} \div 1\dfrac{2}{5}$ 可表示成下列哪一個式子？【94.基本學測一-6】

(A)$7 \times \dfrac{1}{3} \div 1 \times \dfrac{2}{5}$　(B)$\left(7 + \dfrac{1}{3}\right) \div \left(1 + \dfrac{2}{5}\right)$

(C)$7 + \dfrac{1}{3} \div 1 + \dfrac{2}{5}$　(D)$\left(7 \times \dfrac{1}{3}\right) \div \left(1 \times \dfrac{2}{5}\right)$

解答：B

詳解：$7\dfrac{1}{3} \div 1\dfrac{2}{5} = \left(7 + \dfrac{1}{3}\right) \div \left(1 + \dfrac{2}{5}\right)$

8. (　)計算 $6\frac{3}{8} \div \left(\frac{7}{11} + 2\right)$ 的過程，下列哪一個是正確的？【94.基本學測二-7】

(A) $\frac{9}{4} \div \left(\frac{7}{11} + 2\right) = \frac{9}{4} \times \frac{11}{7} + \frac{9}{4} \times \frac{1}{2}$ 　　(B) $\frac{9}{4} \div \left(\frac{7+22}{11}\right) = \frac{9}{4} \times \frac{11}{29}$

(C) $\frac{51}{8} \div \left(\frac{7}{11} + 2\right) = \frac{51}{8} \times \frac{11}{7} + \frac{51}{8} \times \frac{1}{2}$ 　(D) $\frac{51}{8} \div \left(\frac{7+22}{11}\right) = \frac{51}{8} \times \frac{11}{29}$

解答：D

詳解：$\frac{51}{8} \div \left(\frac{7+22}{11}\right) = \frac{51}{8} \times \frac{11}{29}$

---

9. (　)下列哪一個式子是錯誤的？【95.基本學測一-9】

(A) $\frac{2}{25} + \frac{3}{35} + \frac{4}{45} = \frac{3}{35} + \frac{2}{25} + \frac{4}{45}$

(B) $\frac{2}{25} - \frac{3}{35} - \frac{4}{45} = \frac{2}{25} - \frac{4}{45} - \frac{3}{35}$

(C) $\frac{2}{25} \times \frac{3}{35} \times \frac{4}{45} = \frac{4}{45} \times \frac{3}{35} \times \frac{2}{25}$

(D) $\frac{2}{25} \div \frac{3}{35} \div \frac{4}{45} = \frac{3}{35} \div \frac{2}{25} \div \frac{4}{45}$

解答：D

詳解：$\frac{2}{25} \div \frac{3}{35} \div \frac{4}{45} = \frac{21}{2}$ ，$\frac{3}{35} \div \frac{2}{25} \div \frac{4}{45} = \frac{675}{56}$ 。

---

10. (　)計算 $3\frac{1}{2} - \frac{3}{2} \div \left(-\frac{8}{5}\right)$ 之值為何？【96.基本學測二-1】

(A) $\frac{71}{16}$ 　(B) $\frac{41}{16}$ 　(C) $\frac{39}{16}$ 　(D) $-\frac{5}{4}$

解答：A

詳解：$3\frac{1}{2} - \frac{3}{2} \div \left(-\frac{8}{5}\right) = \frac{7}{2} + \frac{3}{2} \times \frac{5}{8} = \frac{56}{16} + \frac{15}{16} = \frac{71}{16}$

11. (　　)計算 $48 \div \left(\dfrac{8}{15} + \dfrac{24}{35} \right)$ 之值為何？【97.基本學測一-10】

(A)75　(B)160　(C)$\dfrac{315}{8}$　(D)$90\dfrac{24}{35}$

解答：C

詳解：$48 \div \left(\dfrac{8}{15} + \dfrac{24}{35} \right) = 48 \div \dfrac{128}{105} = \dfrac{315}{8}$

---

12. (　　)計算 $\dfrac{2}{3} \times \left(1 + \dfrac{1}{2} \right) - \dfrac{3}{2} \div \left(\dfrac{1}{2} - 1 \right)$ 之值為何？【97.基本學測二-5】

(A)4　(B)2　(C)$-\dfrac{1}{2}$　(D)$-\dfrac{3}{2}$

解答：A

詳解：$\dfrac{2}{3} \times \dfrac{3}{2} - \dfrac{3}{2} \times -\dfrac{2}{1} = 4$

習 題

8-1　　$\dfrac{7}{9} \times \dfrac{1}{21} =$

8-2　　$-\dfrac{7}{11} \times \dfrac{3}{49} =$

8-3　　$-\dfrac{7}{27} \times \dfrac{3}{56} =$

8-4　　$-\dfrac{4}{13} \times \dfrac{1}{16} =$

8-5 $\dfrac{12}{21} \times \dfrac{3}{8} =$

8-6 $\dfrac{5}{14} \times \dfrac{7}{13} =$

8-7 $\dfrac{7}{9} \times \dfrac{1}{7} =$

8-8 $-\dfrac{3}{11} \times \dfrac{132}{51} =$

8-9 $-\dfrac{4}{15} \div \dfrac{2}{30} =$

8-10 $-\dfrac{7}{11} \div \dfrac{6}{132} =$

8-11 $-\dfrac{9}{20} \div \dfrac{3}{5} =$

8-12 $\dfrac{7}{2} \div \dfrac{14}{21} =$

8-13 $\dfrac{7}{8} \div \dfrac{1}{7} =$

8-14 $-\dfrac{7}{11} \div \dfrac{7}{50} =$

8-15 $-5\dfrac{2}{5} \div 3\dfrac{3}{5} =$

8-16 $5\dfrac{5}{13} \div 3\dfrac{3}{4} =$

8-17 $-2\dfrac{5}{15} \div 2\dfrac{4}{5} =$

8-18 $\dfrac{12}{21} \div 2\dfrac{8}{9} =$

8-19 $5\dfrac{5}{12} \div 2\dfrac{7}{24} =$

8-20 $-3\dfrac{2}{11} \div 2\dfrac{3}{6} =$

8-21 $\dfrac{11}{13} \div 2\dfrac{4}{9} =$

8-22 $\dfrac{1}{2} \div 4 \div \dfrac{1}{8} =$

8-23 $-0.5 + \dfrac{2}{9} \times 2\dfrac{4}{7} =$

8-24 $\dfrac{15}{12} \times 2\dfrac{2}{3} + 1\dfrac{3}{4} =$

8-25 $\dfrac{28}{3} - 1\dfrac{5}{7} \times \dfrac{5}{4} =$

8-26 $-0.7 + \dfrac{11}{15} \div 2\dfrac{4}{9} =$

8-27 $-\dfrac{8}{3} \div 5\dfrac{1}{3} + \dfrac{2}{5} =$

8-28 $-1\dfrac{4}{5} + 4\dfrac{1}{2} \div \dfrac{3}{22} =$

8-29 $3\dfrac{4}{7} - 2 \times \left(-\dfrac{1}{3}\right) \div \dfrac{7}{27} =$

8-30 $3 - \dfrac{15}{19} \div \dfrac{5}{19} + \dfrac{2}{5} =$

8-31 $2 - 5\dfrac{1}{5} \div 13 + 2\dfrac{4}{15} =$

8-32 $1\dfrac{4}{5} - \dfrac{1}{3} \div \dfrac{1}{9} \times \left(2 - 3\dfrac{2}{3}\right) =$

8-33 $\left(\dfrac{5}{2} + \dfrac{1}{3}\right) \div \left(\dfrac{8}{5} - \dfrac{5}{6}\right) =$

8-34 $4\dfrac{2}{3} + \left(\dfrac{18}{4} - \dfrac{7}{4} \times \dfrac{8}{5}\right) =$

8-35 $\left(3\dfrac{2}{6} + 4\dfrac{2}{6} \times \dfrac{3}{4}\right) - \dfrac{10}{3} =$

8-36 $-3\dfrac{3}{7} \times \dfrac{1}{3} + 3.5 \times \dfrac{3}{5} =$

8-37 $\dfrac{14}{3} + \left(\dfrac{27}{8} - \dfrac{13}{8}\right) \times 2\dfrac{2}{7} =$

習題解答

習題	解答	習題	解答
8-1	$\dfrac{1}{27}$	8-2	$\dfrac{-3}{77}$
8-3	$\dfrac{-1}{72}$	8-4	$\dfrac{-1}{52}$
8-5	$\dfrac{3}{14}$	8-6	$\dfrac{5}{26}$
8-7	$\dfrac{1}{9}$	8-8	$-\dfrac{12}{17}$
8-9	-4	8-10	-14
8-11	$-\dfrac{3}{4}$	8-12	$\dfrac{21}{4}$
8-13	$\dfrac{49}{8}$	8-14	$\dfrac{-50}{11}$
8-15	$\dfrac{-3}{2}$	8-16	$\dfrac{56}{39}$
8-17	$\dfrac{-5}{6}$	8-18	$\dfrac{18}{91}$
8-19	$\dfrac{26}{11}$	8-20	$\dfrac{-14}{11}$
8-21	$\dfrac{9}{26}$	8-22	1
8-23	$\dfrac{1}{14}$	8-24	$\dfrac{61}{12}$
8-25	$\dfrac{151}{21}$	8-26	$\dfrac{-2}{5}$
8-27	$-\dfrac{1}{10}$	8-28	$31\dfrac{1}{5}$

四則運算

8-29	$\dfrac{43}{7}$	8-30	$\dfrac{2}{5}$
8-31	$\dfrac{58}{15}$	8-32	$\dfrac{34}{5}$
8-33	$\dfrac{85}{23}$	8-34	$\dfrac{191}{30}$
8-35	$3\dfrac{1}{4}$	8-36	$\dfrac{67}{70}$
8-37	$8\dfrac{2}{3}$		

分數的乘法與四則運算

2.1 請列出 42 所有的因數。

2.2 請列出 91 所有的因數。

2.3 下列哪一選項不是質數？　(A)19　(B)17　(C)51　(D)23

2.4 (1)請寫出 28 的因數。　(2)請寫出 28 的質因數。

2.5 (1)請寫出 35 的因數。　(2)35 的質因數加起來總和為多少？

2.6 下列哪一選項是質數？　(A)21　(B)59　(C)18　(D)39

2.7 (1)寫出 20 的因數。
(2)寫出 36 的因數。
(3)20、36 的公因數。
(4)20、36 的最大公因數。

2.8 請求出小於 20 的所有質數和。

2.9 用短除法求 $(45, 21) = ?$

2.10 用短除法求 $(20, 40, 50) = ?$

2.11 用短除法求 $[36, 14, 28] = ?$

2.12 用短除法求 $[35, 20] = ?$

四則運算

2-13 求 13 的倍數，寫出 5 個倍數。

2-14 求 13 和 39 最小的 2 個公倍數。

2-15 (1) 求 12 的倍數，寫出 4 個倍數。
(2) 求 18 的倍數，寫出 4 個倍數。
(3) 求 12 與 18 最小的 2 個公倍數。

2-16 小梅每四天，小建每五天，小志每六天上一次電腦課。今天他們同時上電腦課，請問幾天後會同時來上電腦課？(提示：求最小公倍數)

2-17 請寫出 45 的標準分解式。

2-18 請寫出 240 的標準分解式。

2-19 用標準分解式求 15、35 的最大公因數。
(1) 15 的標準分解式。
(2) 35 的標準分解式 。
(3) 15、35 的最大公因數 。

2-20 用標準分解式求 60、72 的最小公倍數。
(1) 60 的標準分解式。
(2) 72 的標準分解式。
(3) 60、72 的最小公倍數。

2-21 求 $2^3 \times 5$，$2 \times 5^2 \times 13$，$2 \times 5 \times 17$ 的最大公因數。

2-22 求 15^5，15^8，15^{12} 的最大公因數。

2-23 求 $2 \times 5 \times 11$，$2^3 \times 3$，$2 \times 3 \times 5$ 的最小公倍數。

總複習習題

2.24 求 9^4，9^9，9^{12} 的最小公倍數。

2-1 $\dfrac{5}{7} = \dfrac{(\ \ )}{14} = \dfrac{(\ \ )}{21}$

2-2 $\dfrac{(\ \ )}{9} = \dfrac{6}{18} = \dfrac{(\ \ )}{36}$

2-3 $\dfrac{8}{14} = \dfrac{12}{(\ \ )} = \dfrac{40}{(\ \ )}$

2-4 約分 $\dfrac{5}{75}$。

2-5 約分 $\dfrac{11}{121}$。

2-6 通分 $\dfrac{3}{4}$ 和 $\dfrac{7}{6}$。

2-7 通分 $\dfrac{3}{8}$ 和 $\dfrac{5}{24}$。

2-8 比較大小 $\dfrac{5}{6}$，$\dfrac{4}{5}$，$\dfrac{3}{4}$。

2-9 比較大小 $-\dfrac{2}{9}$ 和 -1。

2-10 比較大小 $-\dfrac{2}{3}$ 和 $-\dfrac{3}{4}$。

2-11 下列哪一選項的兩數互質？
(A) 3、8　(B) 4、14　(C) 11、33　(D) 13、26

2-12 將帶分數 $2\dfrac{6}{7}$ 化成假分數。

2-13 將假分數 $\dfrac{27}{10}$ 化成帶分數。

2-14 $\dfrac{3}{8}-2\dfrac{5}{8}=$

2-15 $\dfrac{6}{35}-1\dfrac{4}{7}=$

2-16 $2\dfrac{5}{6}+4\dfrac{3}{10}=$

2-17 $1\dfrac{5}{8}-2\dfrac{2}{6}=$

2-18 $-\dfrac{5}{12}+\dfrac{1}{4}=$

2-19 $-\dfrac{3}{8}-\dfrac{5}{12}=$

2-20 $\left(-1\dfrac{1}{6}\right)+\left(-\dfrac{1}{9}\right)=$

2-21 $\left(-2\frac{1}{3}\right)-\left(-4\frac{3}{4}\right)=$

2-22 $\dfrac{8}{15}\times 4=$

2-23 $(-7)\times\left(-\dfrac{8}{10}\right)=$

2-24 $\left(-2\frac{1}{6}\right)\div 13=$

2-25 $3\frac{1}{3}\times 8\frac{1}{4}=$

2-26 $\left(-\dfrac{3}{16}\right)\div\dfrac{15}{28}=$

2-27 $\left(-\dfrac{9}{20}\right)\div\left(-\dfrac{21}{25}\right)=$

2-28 $\left(-\dfrac{8}{12}\right)\times 1\frac{4}{5}=$

2-29 $4\frac{3}{4}-\left(1\frac{7}{8}-\dfrac{3}{10}\times 5\right)=$

2-30 $\left(3\frac{5}{6}+6\div\dfrac{1}{4}\right)-\dfrac{11}{3}=$

2.31　$5\dfrac{1}{6} - 4 \times \left(\dfrac{5}{12} + \dfrac{9}{8} \right) =$

2.32　$\dfrac{12}{4} \times \dfrac{8}{9} + \dfrac{16}{9} \div \left(8 - 6\dfrac{2}{3} \right) =$

2.33　$-3\dfrac{1}{6} + 4\dfrac{2}{4} \div \dfrac{6}{20} =$

2.34　$\left(\dfrac{7}{2} + \dfrac{1}{4} \right) \div \left(\dfrac{31}{8} - \dfrac{1}{8} \right) =$

2.35　$2 - \dfrac{7}{12} \div 7 + \dfrac{7}{12} =$

2.36　$-3\dfrac{3}{12} \times \dfrac{2}{13} + 2.8 \div 1\dfrac{3}{4} =$

四則運算

習題	解答	習題	解答
2-1	1、2、3、6、7、14、21、42	2-2	1、7、13、91
2-3	C	2-4	(1)1、2、4、7、14、28 (2)2、7
2-5	(1)1、5、7、35 (2) $5+7=12$	2-6	B
2-7	(1)1、2、4、5、10、20 (2)1、2、3、4、6、9、12、18、36 (3)1、2、4 (4)4	2-8	$2+3+5+7+11+13+17+19=77$
2-9	3	2-10	10
2-11	252	2-12	140
2-13	13、26、39、52、65	2-14	39、78
2-15	(1)12、24、36、48 (2)18、36、54、72 (3)36、72	2-16	60
2-17	$3^2 \times 5$	2-18	$2^4 \times 3 \times 5$
2-19	(1) 3×5 (2) 5×7 (3)5	2-20	(1) $2^2 \times 3 \times 5$ (2) $2^3 \times 3^2$ (3)360
2-21	2×5	2-22	15^5
2-23	$2^3 \times 3 \times 5 \times 11$	2-24	9^{12}

155

第二章　2.4~2.8 總複習習題解答

習題	解答	習題	解答
2-1	10、15	2-2	3、12
2-3	21、70	2-4	$\dfrac{1}{15}$
2-5	$\dfrac{1}{11}$	2-6	$\dfrac{3}{4}=\dfrac{9}{12}$，$\dfrac{7}{6}=\dfrac{14}{12}$
2-7	$\dfrac{3}{8}=\dfrac{9}{24}$，$\dfrac{5}{24}=\dfrac{5}{24}$	2-8	$\dfrac{5}{6}>\dfrac{4}{5}>\dfrac{3}{4}$
2-9	$-\dfrac{2}{9}>-1$	2-10	$-\dfrac{2}{3}>-\dfrac{3}{4}$
2-11	A	2-12	$\dfrac{20}{7}$
2-13	$2\dfrac{7}{10}$	2-14	$-2\dfrac{1}{4}$
2-15	$-1\dfrac{2}{5}$	2-16	$7\dfrac{2}{15}$
2-17	$-\dfrac{17}{24}$	2-18	$-\dfrac{1}{6}$
2-19	$-\dfrac{19}{24}$	2-20	$-1\dfrac{5}{18}$
2-21	$2\dfrac{5}{12}$	2-22	$2\dfrac{2}{15}$
2-23	$5\dfrac{3}{5}$	2-24	$-\dfrac{1}{6}$
2-25	$27\dfrac{1}{2}$	2-26	$-\dfrac{7}{20}$
2-27	$\dfrac{15}{28}$	2-28	$-1\dfrac{1}{5}$

四則運算

2-29	$4\frac{3}{8}$	2-30	$24\frac{1}{6}$
2-31	-1	2-32	4
2-33	$11\frac{5}{6}$	2-34	1
2-35	$2\frac{1}{2}$	2-36	$1\frac{1}{10}$

第三章
指數

3.1 節　相同底數，不同指數

以 2^3 為例，2 為底數，3 為指數，$2^3 = 2 \times 2 \times 2 = 8$

3^2 中，3 為底數，2 為指數，$3^2 = 3 \times 3 = 9$，一般說來 a^b 中，a 為底數，b 為指數。

通常，$5 + 5 + 5$ 可以表示成 5×3，那 $5 \times 5 \times 5$ 我們表示成 5^3，讀做五的三次方。

$(-2)^5$ 讀做負二的五次方。$(-2)^3$ 與 -2^3 意義不同，

$(-2)^2$ 代表 $(-2) \times (-2) = 4$，而 -2^2 代表 $-(2 \times 2) = -4$。

例 題

1-1

(1) $-10^3 = -(10 \times 10 \times 10) = -1000$

　　$(-10)^3 = (-10) \times (-10) \times (-10) = -1000$

(2) $-10^4 = -(10 \times 10 \times 10 \times 10) = -10000$

　　$(-10)^4 = (-10) \times (-10) \times (-10) \times (-10) = 10000$

1-2

(1) $-6^3 = -(6 \times 6 \times 6) = -216$

　　$(-6)^3 = (-6) \times (-6) \times (-6) = -216$

(2) $-6^4 = -(6 \times 6 \times 6 \times 6) = -1296$

　　$(-6)^4 = (-216) \times (-6) = 1296$

1.3　(1) $(-1)^{10} = 1$

　　　　　$-1^{10} = -1$

　　(2) $(-\dfrac{1}{2})^2 = \dfrac{1}{4}$

　　(3) $(-\dfrac{1}{2})^3 = -\dfrac{1}{8}$

1.4　(1) $-(\dfrac{1}{3})^2 = -(\dfrac{1}{3} \times \dfrac{1}{3}) = -\dfrac{1}{9}$

　　(2) $(-\dfrac{1}{3})^3 = (-\dfrac{1}{3}) \times (-\dfrac{1}{3}) \times (-\dfrac{1}{3}) = -\dfrac{1}{27}$

　　(3) $(-\dfrac{1}{3})^2 = (-\dfrac{1}{3}) \times (-\dfrac{1}{3}) = \dfrac{1}{9}$

1.5　(1) $(-\dfrac{3}{2})^2 = (-\dfrac{3}{2}) \times (-\dfrac{3}{2}) = \dfrac{9}{4}$

　　(2) $(-\dfrac{1}{5})^3 = (-\dfrac{1}{5}) \times (-\dfrac{1}{5}) \times (-\dfrac{1}{5}) = -\dfrac{1}{125}$

　　(3) $(-\dfrac{1}{5})^2 = (-\dfrac{1}{5}) \times (-\dfrac{1}{5}) = \dfrac{1}{25}$

1.6　(1) $(-\dfrac{2}{3})^2 = (-\dfrac{2}{3}) \times (-\dfrac{2}{3}) = \dfrac{4}{9}$

　　(2) $-(\dfrac{2}{3})^2 = -(\dfrac{2}{3} \times \dfrac{2}{3}) = -\dfrac{4}{9}$

　　(3) $(-\dfrac{2}{3})^3 = (-\dfrac{2}{3}) \times (-\dfrac{2}{3}) \times (-\dfrac{2}{3}) = -\dfrac{8}{27}$

四則運算

指數的乘法

我們先看 $2^3 \times 2^2 = 8 \times 4 = 32$

但是 $32 = 2^5$　$\therefore 2^3 \times 2^2 = 2^5$

再看 $3^2 \times 3^4 = 9 \times 81 = 729$ 但是 $729 = 3^6$　$\therefore 3^2 \times 3^4 = 3^6$

因此，我們可以得到以下的公式：

$a^b \times a^c = a^{b+c}$

1-7　　(1) $10^3 \times 10^3 = ?$

(2) $10^5 \times 10^7 = ?$

詳解：

(1) $10^3 \times 10^3 = 10^{3+3} = 10^6$

(2) $10^5 \times 10^7 = 10^{5+7} = 10^{12}$

1-8　　(1) $(-4)^5 \times (-4)^3$

(2) $(-11)^2 \times (-11)^6$

(3) $(-11)^2 \times (-11)^3$

(4) $(-2) \times (-2)^2$

詳解：

(1) $(-4)^5 \times (-4)^3 = (-4)^{5+3} = (-4)^8 = 4^8$

(2) $(-11)^2 \times (-11)^6 = (-11)^{2+6} = (-11)^8 = 11^8$

(3) $(-11)^2 \times (-11)^3 = (-11)^5 = -(11)^5$

(4) $(-2) \times (-2)^2 = (-2)^3 = -2^3 = -8$

1.9

(1) $2^3 \times 2^4 \times 2^5$

(2) $7^1 \times 7^2 \times 7^3$

詳解：

(1) $2^3 \times 2^4 \times 2^5 = 2^{3+4+5} = 2^{12}$

(2) $7^1 \times 7^2 \times 7^3 = 7^{1+2+3} = 7^6$

1.10

(1) $4^{-2} \times 4^6 \times 4^8$

(2) $5^6 \times 5^{-3} \times 5^{-5}$

詳解：

(1) $4^{-2} \times 4^6 \times 4^8 = 4^{-2+6+8} = 4^{12}$

(2) $5^6 \times 5^{-3} \times 5^{-5} = 5^{6+(-3)+(-5)} = 5^{-2}$

習題

1.1

$2^5 \times 2^{-2} =$

1.2

$3^8 \times 3^2 =$

1.3

$4^{-3} \times 4^{-5} =$

1.4

$5^{-2} \times 5^8 =$

1.5

$6^{-1} \times 6^0 =$

1.6

$7^{-2} \times 7^9 =$

1.7

$14^9 \times 14^{-5} =$

1.8 $15^0 \times 15^{-8} =$

1.9 $20^{-7} \times 20^{-8} =$

1.10 $8^5 \times 8^{-1} \times 8^{-3} =$

1.11 $9^{-7} \times 9^{-3} \times 9^{-6} =$

1.12 $10^{-4} \times 10^0 \times 10^{-1} =$

1.13 $(-11)^2 \times (-11)^6 =$

1.14 $(-12)^{-4} \times (-12)^9 =$

1.15 $(-13)^4 \times (-13)^{-5} =$

相同底數，不同指數

習題	解答	習題	解答
1-1	2^3	1-2	3^{10}
1-3	4^{-8}	1-4	5^6
1-5	6^{-1}	1-6	7^7
1-7	14^4	1-8	15^{-8}
1-9	20^{-15}	1-10	8
1-11	9^{-16}	1-12	10^{-5}
1-13	$(-11)^8$	1-14	$(-12)^5$
1-15	$(-13)^{-1}$		

四則運算

3.2 節　底數不同，指數相同

$(3^2)(2^2) = 9 \times 4 = 36$ 但 $36 = 6^2$

$\therefore (3^2)(2^2) = (3 \times 2)^2 = 6^2$

$(2^3)(4^3) = 8 \times 64 = 512$ 但 $512 = 8^3$

$\therefore (2^3)(4^3) = (2 \times 4)^3 = 8^3$

因此我們得一公式：$(a^b)(c^b) = (ac)^b$

例　題

2-1　(1) $(5^4) \times (4^4)$

(2) $(-15^{48}) \times (-3^{48})$

詳解：(1) $(5^4) \times (4^4) = (5 \times 4)^4 = (20)^4$

(2) $(-15^{48}) \times (-3^{48}) = ((-15) \times (-3))^{48} = (45)^{48}$

2-2　(1) $(-13)^{20} \times (3)^{20}$

(2) $(2)^{50} \times (-22)^{50}$

詳解：(1) $(-13)^{20} \times (3)^{20} = ((-13) \times 3)^{20} = (-39)^{20}$

(2) $(2)^{50} \times (-22)^{50} = (2 \times (-22))^{50} = (-44)^{50}$

2-3　(1) $(-3)^7 \times (-9)^7$

(2) $(11^{43}) \times (9^{43})$

詳解：(1) $(-3)^7 \times (-9)^7 = [(-3) \times (-9)]^7 = (27)^7$

(2) $(11^{43}) \times (9^{43}) = (11 \times 9)^{43} = (99)^{43}$

指數的次方

請計算 $(3^2)^2$ 及 $(2^3)^2$

$(3^2)^2 = (3^2)(3^2) = 9 \times 9 = 81 = 3^4$

$(2^3)^2 = 8 \times 8 = 64 = 2^6$

根據公式

$a^b \times a^c = a^{b+c}$

我們可以得以下的公式：

$(a^b)^c = a^b \times a^b \times ... \times a^b = a^{b+b+b+......+b} = a^{bc}$

2-4　(1) $(3^4)^2$

(2) $(4^5)^2$

詳解：

(1) $(3^4)^2 = 3^{4 \times 2} = 3^8$

(2) $(4^5)^2 = 4^{5 \times 2} = 4^{10}$

2-5　(1) $(17^{10})^5$

(2) $(13^3)^{11}$

詳解：

(1) $(17^{10})^5 = 17^{10 \times 5} = 17^{50}$

(2) $(13^3)^{11} = 13^{3 \times 11} = 13^{33}$

2-6　(1) $(2^2)^3$

(2) $((-2)^2)^3$

(3) $((-2)^3)^3$

詳解：

(1) $(2^2)^3 = 2^{2 \times 3} = 2^6$

(2) $((-2)^2)^3 = (-2)^{2 \times 3} = (-2)^6 = 2^6$

(3) $((-2)^3)^3 = (-2)^9 = -(2^9)$

2.1 $(2^5)^4 =$

2.2 $\left[(-3)^4\right]^6 =$

2.3 $(15^3)^7 =$

2.4 $\left[(-7)^3\right]^8 =$

2.5 $(-4^5)^8 =$

2.6 $(6)^2 \times (8)^2 =$

2.7 $(-5)^3 \times (-4)^3 =$

2.8 $(8)^4 \times (-7)^4 =$

2.9 $(-7)^6 \times (-9)^6 =$

2.10 $(-8)^5 \times (9)^5 =$

2.11 $(-5)^{24} \times (-8)^{24} =$

2.12 $(-13)^6 \times (3)^6 =$

2.13 $\left[(-12)^3\right]^6 =$

底數不同，指數相同

2.14 $\left[(37)^4 \right]^8 =$

2.15 $\left[(-36)^2 \right]^{10} =$

習題解答

習題	解答	習題	解答
2-1	2^{20}	2-2	$(-3)^{24}$
2-3	15^{21}	2-4	$(-7)^{24}$
2-5	$(-4)^{40}$	2-6	48^{2}
2-7	20^{3}	2-8	$(-56)^{4}$
2-9	63^{6}	2-10	$(-72)^{5}$
2-11	40^{24}	2-12	$(-39)^{6}$
2-13	$(-12)^{18}$	2-14	$(37)^{32}$
2-15	$(-36)^{20}$		

底數不同，指數相同

171

指數的除法

請計算 $2^3 \div 2^2$

$$2^3 \div 2^2 = \frac{2 \times 2 \times 2}{2 \times 2} = 2^1$$

請計算 $5^5 \div 5^3 = \frac{5 \times 5 \times 5 \times 5 \times 5}{5 \times 5 \times 5} = 5 \times 5 = 5^2$

因此，我們可以這樣想

$$2^3 \div 2^2 = \frac{2^3}{2^2} = \frac{2^1 \times 2^2}{2^2} = 2^1$$

$$5^5 \div 5^3 = \frac{(5^2)(5^3)}{5^3} = 5^2$$

∴ 我們可以得到以下的公式：

$$a^b \div a^c = \frac{a^b}{a^c} = a^{b-c}$$

例　題

3.**1**　(1) $17^{17} \div 17^{15}$

(2) $41^{11} \div 41^4$

詳解：

(1) $17^{17} \div 17^{15} = \dfrac{17^{17}}{17^{15}} = 17^{17-15} = 17^2$

(2) $41^{11} \div 41^4 = \dfrac{41^{11}}{41^4} = 41^{11-4} = 41^7$

四則運算

3.2　(1) $29^{10} \div 29^2$

(2) $93^{33} \div 93^4$

詳解：

(1) $29^{10} \div 29^2 = \dfrac{29^{10}}{29^2} = 29^{10-2} = 29^8$

(2) $93^{33} \div 93^4 = \dfrac{93^{33}}{93^4} = 93^{33-4} = 93^{29}$

3.3　(1) $(-2)^3 \div (-2)^2$

(2) $(-2)^4 \div (-2)^2$

詳解：

(1) $(-2)^3 \div (-2)^2 = (-2)^{3-2} = (-2)^1 = -2$

(2) $(-2)^4 \div (-2)^2 = (-2)^{4-2} = (-2)^2 = 2^2 = 4$

a^0 的意義

計算 $5^5 \div 5^5$

$5^5 \div 5^5 = 5^0 = 1$

再看 $7^7 \div 7^7 = 7^0 = 1$

所以我們可以得到以下的公式：

$a^0 = 1 (a \neq 0)$ 倒數的意義

請看 $\dfrac{1}{10}$

$\dfrac{1}{10} = \dfrac{10^0}{10^1} = 10^{0-1} = 10^{-1}$

請看 $\dfrac{1}{5^2} = \dfrac{5^0}{5^2} = 5^{0-2} = 5^{-2}$

∴我們可以得到以下的公式：$\dfrac{1}{a^b} = a^{-b}$

3-4

(1) $12^5 \times \dfrac{1}{12^2}$ (2) $3^7 \times \dfrac{1}{3^3}$

詳解：

(1) $12^5 \times \dfrac{1}{12^2} = 12^5 \times 12^{-2} = 12^3$

(2) $3^7 \times \dfrac{1}{3^3} = 3^7 \times 3^{-3} = 3^4$

3-5

(1) $47^{13} \times 47^3 \times \dfrac{1}{47^{16}}$

(2) $31^9 \times \dfrac{1}{31^7}$

詳解：

(1) $47^{13} \times 47^3 \times 47^{-16} = 47^{13+3-16} = 47^0 = 1$

(2) $31^9 \times 31^{-7} = 31^{9-7} = 31^2 = 961$

3-6

(1) $128^5 \times 128^1 \times \dfrac{1}{128^6}$

(2) $3^7 \times 3^1 \times \dfrac{1}{3^8}$

詳解：

(1) $128^5 \times 128^1 \times 128^{-6} = 128^{5+1+(-6)} = 128^0 = 1$

(2) $3^7 \times 3^1 \times 3^{-8} = 3^{7+1+(-8)} = 3^0 = 1$

3-7

(1) $46^{-22} \div 46^{11}$

(2) $23^{-8} \div 23^5$

詳解：

(1) $46^{-22} \div 46^{11} = 46^{-22-11} = 46^{-33}$

(2) $23^{-8} \div 23^5 = 23^{-8-5} = 23^{-13}$

四則運算

3.8   (1) $5^8 \div 5^{-3}$

(2) $16^{20} \div 16^{-12}$

詳解：

(1) $5^8 \div 5^{-3} = 5^{8-(-3)} = 5^{11}$

(2) $16^{20} \div 16^{-12} = 16^{20-(-12)} = 16^{32}$

3.9   (1) $10^{-9} \div 10^{-7}$

(2) $10^{-8} \div 10^{-4}$

詳解：

(1) $10^{-9} \div 10^{-7} = 10^{-9-(-7)} = 10^{-2}$

(2) $10^{-8} \div 10^{-4} = 10^{-8-(-4)} = 10^{-4}$

1. ( )化簡 $4\div(-\frac{2}{3})^3\times(-2)+(-4^2)$ 之後，可得下列哪一個結果？【90.基本學測二-4】

   (A) -31　(B) -23　(C) 11　(D) 43

   解答：C

   詳解：$4\div(-\frac{2}{3})^3\times(-2)+(-4^2)=4\div(-\frac{2}{3})^3\times(-2)+(-16)$

   $=4\div(-\frac{8}{27})\times(-2)-16=4\times(-\frac{27}{8})\times(-2)-16=27-16=11$

---

2. ( )計算 $4\div(-\frac{1}{2})^3\times(-\frac{3}{16})+(-3)^2$ 之值為何？【91.基本學測一-1】

   (A) 3　(B) 15　(C) $\frac{285}{32}$　(D) $\frac{291}{32}$

   解答：B

   詳解：$4\div(-\frac{1}{8})\times(-\frac{3}{16})+9=4\times-8\times(-\frac{3}{16})+9=6+9=15$

---

3. ( )下列敘述何者正確？【91.基本學測二-20】

   (A) $2^3-(-2)^3=0$

   (B) $2^4-(-2^4)=0$

   (C) $(-2)^3-(-2^3)=0$

   (D) $(-2)^4-(-2^4)=0$

   解答：C

   詳解：$(-2)^3-(-2^3)=0$

3-1　　$8^5 \div 8^7 =$

3-2　　$26^{10} \div 26^2 =$

3-3　　$90^{33} \div 90^3 =$

3-4　　$24^{20} \div 24^{-12} =$

3-5　　$20^8 \div 20^{-3} =$

3-6　　$46^{-22} \div 46^{11} =$

3-7　　$23^{-8} \div 23^5 =$

3-8　　$40^{-9} \div 40^{-7} =$

3-9　　$80^{-8} \div 80^{-4} =$

3-10　　$12^5 \times \dfrac{1}{12^2} =$

3-11　　$17^9 \times 17^{11} \times \dfrac{1}{17^{21}} =$

3-12　　$15^7 \times \dfrac{1}{15^3} =$

指數的除法

177

3-13 $28^5 \times 28^1 \times \dfrac{1}{28^6} =$

3-14 $30^{15} \times \dfrac{1}{30^{16}} =$

3-15 $25^5 \times \dfrac{1}{25^9} =$

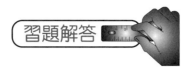

習題解答

習題	解答	習題	解答
3-1	8^{-2}	3-2	26^8
3-3	90^{30}	3-4	24^{32}
3-5	20^{11}	3-6	46^{-33}
3-7	23^{-13}	3-8	40^{-2}
3-9	80^{-4}	3-10	12^3
3-11	17^{-1}	3-12	15^4
3-13	1	3-14	30^{-1}
3-15	25^{-4}		

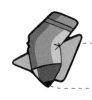

3.4 節　科學記號

十進位記數法

例題：$1234567 = 1 \times 1000000 + 2 \times 100000 + 3 \times 10000 + 4 \times 1000 + 5 \times 100 + 6 \times 10 + 7 \times 1 = 1 \times 10^6 + 2 \times 10^5 + 3 \times 10^4 + 4 \times 10^3 + 5 \times 10^2 + 6 \times 10^1 + 7 \times 10^0$

* 整數位名：

位名	億	千萬	百萬	十萬	萬	千	百	十	個
位值	100000000	10000000	1000000	100000	10000	1000	100	10	1
10 的次方	10^8	10^7	10^6	10^5	10^4	10^3	10^2	10^1	10^0

例題：$9.87654 = 9 \times 1 + 8 \times 0.1 + 7 \times 0.01 + 6 \times 0.001 + 5 \times 0.0001 + 4 \times 0.00001 = 9 \times 1 + 8 \times \dfrac{1}{10} + 7 \times \dfrac{1}{100} + 6 \times \dfrac{1}{1000} + 5 \times \dfrac{1}{10000} + 4 \times \dfrac{1}{100000}$

* 小數位名：

位名	十分位	百分位	千分位	萬分位
位值	$\dfrac{1}{10} = 0.1$	$\dfrac{1}{100} = 0.01$	$\dfrac{1}{1000} = 0.001$	$\dfrac{1}{10000} = 0.0001$
10 的次方	10^{-1}	10^{-2}	10^{-3}	10^{-4}

在物理學或天文學上，科學家為了要記錄或報讀一些很大或很小的數，例如：太陽的質量 1.9892×10^{30} 公斤，地球的質量 5.9742×10^{24} 公斤。

(1) 太陽到地球的平均距離稱為一天文單位（1AU），1AU 約等於 1.496×10^8 公里。

(2) ppm(百萬分率)，一百萬分之一($\frac{1}{10^6}$)，是指每 1 公斤的溶液中，含有 1 毫克(mg)的某物質。

(3) 奈米是長度單位，是十億分之一公尺(10^{-9}公尺)，約為分子或 DNA 的大小。

每一個正數都可以寫成 $a \times 10^n$ 的形式，其中 $1 \leqq a < 10$，則 a 以小數紀錄，n 為整數，稱為該數的「科學記號」。

例如：$36000000 = 36 \times 10^6 = 3.6 \times 10 \times 10^6 = 3.6 \times 10^7$

$0.00000127 = \frac{127}{100000000} = 127 \times 10^{-8} = (1.27 \times 10^2) \times 10^{-8} = 1.27 \times 10^{-6}$

例 題

4.1

(1) $2800000 =$ _____

(2) $467000000 =$ _____

(3) $5830000000 =$ _____

詳解：

(1) $2800000 = 28 \times 10^5 = 2.8 \times 10 \times 10^5 = 2.8 \times 10^6$

(2) $467000000 = 467 \times 10^6 = 4.67 \times 10^2 \times 10^6 = 4.67 \times 10^8$

(3) $5830000000 = 583 \times 10^7 = 5.83 \times 10^2 \times 10^7 = 5.83 \times 10^9$

4.2

(1) $92100000 =$ _____

(2) $78321000 =$ _____

(3) $5670000000 =$ _____

詳解：

(1) $92100000 = 921 \times 10^5 = 9.21 \times 10^2 \times 10^5 = 9.21 \times 10^7$

(2) $78321000 = 78321 \times 10^3 = 7.8321 \times 10^4 \times 10^3 = 7.8321 \times 10^7$

(3) $5670000000 = 567 \times 10^7 = 5.67 \times 10^2 \times 10^7 = 5.67 \times 10^9$

4-3

(1) $0.00000123 = $ _____

(2) $0.0006937 = $ _____

(3) $0.00000082 = $ _____

詳解：

(1) $0.00000123 = \dfrac{123}{100000000} = 123 \times 10^{-8} = 1.23 \times 10^{2} \times 10^{-8} = 1.23 \times 10^{-6}$

(2) $0.0006937 = \dfrac{6937}{10000000} = 6937 \times 10^{-7} = 6.937 \times 10^{3} \times 10^{-7} = 6.937 \times 10^{-4}$

(3) $0.00000082 = \dfrac{82}{100000000} = 82 \times 10^{-8} = 8.2 \times 10 \times 10^{-8} = 8.2 \times 10^{-7}$

4-4

(1) $0.0000731 = $ _____

(2) $0.000000459 = $ _____

(3) $0.0094321 = $ _____

詳解：

(1) $0.0000731 = \dfrac{731}{10000000} = 731 \times 10^{-7} = 7.31 \times 10^{2} \times 10^{-7} = 7.31 \times 10^{-5}$

(2) $0.000000459 = \dfrac{459}{1000000000} = 459 \times 10^{-9} = 4.59 \times 10^{2} \times 10^{-9} = 4.59 \times 10^{-7}$

(3) $0.0094321 = \dfrac{94321}{10000000} = 94321 \times 10^{-7} = 9.4321 \times 10^{4} \times 10^{-7} = 9.4321 \times 10^{-3}$

四則運算

4.5 比較大小

(1)9.2×10^4，4.12×10^5

(2)5.61×10^8，9.3×10^7

詳解：

(1)$4.12 \times 10^5 = 4.12 \times 10 \times 10^4 = 41.2 \times 10^4$

$9.2 \times 10^4 < 41.2 \times 10^4$

$9.2 \times 10^4 < 4.12 \times 10^5$

(2)$5.61 \times 10^8 = 56.1 \times 10^7$

$56.1 \times 10^7 > 9.3 \times 10^7$

$5.61 \times 10^8 > 9.3 \times 10^7$

4.6 比較大小

(1)9.8×10^{-5}，7.2×10^{-7}

(2)4.32×10^{-6}，8.19×10^{-8}

詳解：

(1)9.8×10^{-5}，7.2×10^{-7}

$7.2 \times 10^{-2} \times 10^{-5} = 0.072 \times 10^{-5}$

$9.8 \times 10^{-5} > 0.072 \times 10^{-5}$

(2)4.32×10^{-6}，8.19×10^{-8}

$8.19 \times 10^{-8} = 8.19 \times 10^{-2} \times 10^{-6} = 0.0819 \times 10^{-6}$

$4.32 \times 10^{-6} > 0.0819 \times 10^{-6}$

$4.32 \times 10^{-6} > 8.19 \times 10^{-8}$

＊兩個科學記號相乘或相除：

(1) $(a \times 10^m) \times (b \times 10^n) = ab \times 10^{m+n}$

(2) $(a \times 10^m) \div (b \times 10^n) = (\dfrac{a}{b}) \times 10^{m-n}$

科學記號

4.7

(1) $(7 \times 10^5) \times (8 \times 10^3)$

(2) $(8 \times 10^5) \div (5 \times 10^3)$

詳解：

(1) $(7 \times 10^5) \times (8 \times 10^3) = 56 \times 10^8 = 5.6 \times 10 \times 10^8 = 5.6 \times 10^9$

(2) $(8 \times 10^5) \div (5 \times 10^3) = (8 \div 5) \times (10^5 \div 10^3) = 1.6 \times 10^2$

4.8

(1) $5 \times 10^8 \times 9.3 \times 10^7$

(2) $(4.1 \times 10^{-6}) \div (8.2 \times 10^{-8})$

詳解：

(1) $5 \times 10^8 \times 9.3 \times 10^7 = (5 \times 9.3) \times 10^8 \times 10^7 = 46.5 \times 10^{15} = 4.65 \times 10 \times 10^{15} = 4.65 \times 10^{16}$

(2) $(4.1 \times 10^{-6}) \div (8.2 \times 10^{-8}) = (4.1 \div 8.2) \times (10^{-6} \div 10^{-8}) = 0.5 \times 10^{-6-(-8)} = 0.5 \times 10^2 = 5 \times 10^{-1} \times 10^2 = 5 \times 10^{-1+2} = 5 \times 10$

4.9

建華買了一個 MP3 隨身聽，記憶體有 40GB 的容量，一個 GB 等於 1000MB，若一首歌約佔 3.2MB 的空間，請問：

(1) 40GB 約等於多少 MB？試以科學記號表示。（1GB 約等於 1000MB）

(2) 建華的 MP3 隨身聽可以儲存多少首歌曲？

詳解：

(1) $40\text{GB} = 40 \times 1000\text{MB} = 40000\text{MB} = 4 \times 10^4 \text{MB}$

(2) $(4 \times 10^4) \div 3.2 = 1.25 \times 10^4 = 12500$（首）

答：(1) $4 \times 10^4 \text{MB}$ (2) 12500 首

4.10

太陽至地球的平均距離稱為一天文單位(AU)，1AU 約等於 1.496×10^8 公里，民國 96 年 7 月在台灣鹿林天文臺發現一顆新彗星，命名為「鹿林」，該彗星當時的位置在木星到土星間，寶座瓶方向，距離地球約 5.5AU，請用科學記號表示其距離約多少公里。

詳解：

$5.5 \times 1.496 \times 10^8 = 8.228 \times 10^8$

答：8.228×10^8 公里

四則運算

4.11 冠狀病毒的變異種是引起「嚴重急性呼吸道症候群 SARS」的主因，而這種病毒的長度約為 20 奈米，試問它等於多少公分？又等於多少公尺？

詳解：

1 奈米 $=10^{-9}$ 公尺 $=10^{-9}\times100$ 公分 $=10^{-7}$ 公分

(1) 20 奈米 $=20\times10^{-7}$ 公分 $=2\times10^{-6}$ 公分

(2) 20 奈米 $=20\times10^{-9}$ 公尺 $=2\times10^{-8}$ 公尺

答：2×10^{-6} 公分，2×10^{-8} 公尺

4.12 地球上每天約有 11800000 公斤的灰塵、懸浮微粒落在地面上，若以科學記號表示，那麼一年(以 365 天計)的總落塵量約有多少公噸？又等於多少公克？

詳解：

$11800000\times365=4307000000=4.307\times10^{9}$（公斤），1 公斤 $=10^{-3}$ 公噸 $=10^{3}$ 公克

(1) 4.307×10^{9} 公斤 $=4.307\times10^{9}$（公斤）$\times10^{-3}$ 公噸 $=4.307\times10^{6}$ 公噸

(2) 4.307×10^{9} 公斤 $=4.307\times10^{9}$（公斤）$\times10^{3}$ 公克 $=4.307\times10^{12}$ 公克

答：4.307×10^{6} 公噸，4.307×10^{12} 公克

科學記號

1. (　) 用科學符號(及科學記號)可將 1234 表示成『1.234×10^3』，若 A 的科學符號可表示成『1.23456×10^8』，則 A 為幾位數？【94.基本學測一-12】

   (A)6　(B)7　(C)8　(D)9

   解答：D

   詳解：123456000 是九位數字。

2. (　) 下列何者為 $\dfrac{2}{25}$ 的科學符號(即科學記號)？【95.基本學測一-2】

   (A) 8×10^{-1}　(B) 8×10^{-2}　(C) 2.3×10^{-1}　(D) 2.3×10^{-2}

   解答：B

   詳解：$\dfrac{2}{25} = 0.08 = 8 \times 10^{-2}$

3. (　) 下列哪一個數值最小？【96.基本學測一-13】

   (A) 9.5×10^{-9}　(B) 2.5×10^{-9}

   (C) 9.5×10^{-8}　(D) 2.5×10^{-8}

   解答：B

   詳解：$2.5 \times 10^{-9} = 0.0000000025$

4. (　) 將 4.31×10^{-5} 寫成小數形式，則其小數點後第四位數字為何？【96.基本學測二-2】

   (A)0　(B)1　(C)3　(D)4

   解答：A

   詳解：$4.31 \times 10^{-5} = 0.0000431$

四則運算

5. （　）下列哪一個式子計算出來的值最大？【97.基本學測一-1】

    (A) $8.53 \times 10^9 - 2.17 \times 10^8$　　(B) $8.53 \times 10^{10} - 2.17 \times 10^9$

    (C) $9.53 \times 10^9 - 2.17 \times 10^8$　　(D) $9.53 \times 10^{10} - 2.17 \times 10^9$

    解答：D

    詳解：$9.53 \times 10^{10} - 2.17 \times 10^9 = 93.13 \times 10^9$

---

6. （　）計算 $0.20523 - 0.20252$ 之值為何？【97.基本學測二-4】

    (A) 2.71×10^{-3}

    (B) 2.71×10^{-4}

    (C) 2.71×10^{-5}

    (D) 2.71×10^{-6}

    解答：A

    詳解：$0.20523 - 0.20252 = 0.00271 = 2.71 \times 10^{-3}$

---

7. （　）若 a、b 兩數滿足 $10^{2a+1} = 1000^{b-1} = 1000000000$，則 $a+b = $ ？【97.基本學測二-21】

    (A) 8　　(B) 15　　(C) $\dfrac{25}{2}$　　(D) $\dfrac{43}{6}$

    解答：A

    詳解：$10^{2a+1} = 1000^{b-1} = 10^9$，$2a+1 = 9$，$a = 4$，$10^{3b-3} = 10^9$，$3b = 12$，$b = 4$

    $4 + 4 = 8$

---

8. （　）已知 $a = 1.6 \times 10^9$，$b = 4 \times 10^3$，則 $a^2 \div 2b = $ ？【98.基本學測一-15】

    (A) 2×10^7　　(B) 4×10^{14}　　(C) 3.2×10^5　　(D) 3.2×10^{14}

    解答：D

    詳解：$(1.6 \times 10^9)^2 \div 2(4 \times 10^3) = 3.2 \times 10^{14}$

---

9. （　）若 $a = 1.071 \times 10^6$，則 a 是下列哪一數的倍數？【98.基本學測一-30】

    (A) 48　　(B) 64　　(C) 72　　(D) 81

    解答：C

    詳解：$1.071 \times 10^6 \div 72 = 14875$

科學記號

習 題

4-1 用科學記號表示
(1) 0.0000072
(2) 124000000

4-2 用科學記號表示
(1) 0.0000483
(2) 289000000

4-3 用科學記號表示
(1) 67300000000
(2) 0.0000000914

4-4 比較大小
(1) 5.8×10^4 ， 4.12×10^5
(2) 4.2×10^8 ， 1.32×10^7

4-5 比較大小
(1) 1.78×10^{-5} ， 2.14×10^{-7}
(2) 5.14×10^{-6} ， 8.3×10^{-8}

4-6 (1) $(9 \times 10^5) \times (6 \times 10^3)$
(2) $(9 \times 10^5) \div (6 \times 10^3)$

4-7 (1) $(1.3 \times 10^8) \times (7 \times 10^7)$
(2) $(5.6 \times 10^{-6}) \div (2.8 \times 10^{-8})$

4.8 一般市面上販售的 N95 口罩的孔隙是 75 奈米，請問 75 奈米相當於多少米？（用科學記號表示）

4.9 假設台中科學園區每天供水需求約 90000 公噸，已知 1 公升水的重量為 1 公斤，1 公秉水的重量約為 1 公噸，請問 90000 公噸的水約為多少公升？（用科學記號表示）

科學記號

習題	解答	習題	解答
4-1	(1) 7.2×10^{-6} (2) 1.24×10^8	4-2	(1) 4.83×10^{-5} (2) 2.89×10^8
4-3	(1) 6.73×10^{10} (2) 9.14×10^{-8}	4-4	(1) $5.8 \times 10^4 < 4.12 \times 10^5$ (2) $4.2 \times 10^8 > 1.32 \times 10^7$
4-5	(1) $1.78 \times 10^{-5} > 2.14 \times 10^{-7}$ (2) $5.14 \times 10^{-6} > 8.3 \times 10^{-8}$	4-6	(1) 5.4×10^9 (2) 1.5×10^2
4-7	(1) 9.1×10^{15} (2) 2×10^2	4-8	7.5×10^{-8} 米
4-9	90000 公秉 $= 9 \times 10^7$ 公升		

四則運算

3.1
      (1) $(-8^3) =$

      (2) $-8^3 =$

3.2
      (1) $100^0 =$

      (2) $(-98)^0 =$

      (3) $(-1)^{50} =$

3.3
      (1) $5^5 \times 5^0 \times 5^7 =$

      (2) $7^4 \times 7^{-2} \times 7^{-6} =$

3.4
      (1) $16^{12} \div 16^{11} =$

      (2) $9^8 \div 9^{-3} =$

3.5
      (1) $10^{-9} \div 10^6 =$

      (2) $10^{-14} \div 10^{-4} =$

3.6
      (1) $8^0 \div 8^3 =$

      (2) $\dfrac{1}{8^3} =$

3.7
      (1) $15^{10} \times \dfrac{1}{15^6} \times 15^0 =$

      (2) $9^6 \times \dfrac{1}{9^3} \times 9^{-2} =$

3-8
(1) $(3)^{10}(7)^{10}$
(2) $(-4)^{20}(8)^{20}$

3-9
(1) $\left(\dfrac{3}{5}\right)^{10}\left(\dfrac{15}{9}\right)^{10} =$

(2) $\left(-\dfrac{6}{8}\right)^{3}\left(-\dfrac{16}{24}\right)^{3} =$

3-10
(1) $(8^{7})^{2} =$
(2) $(5^{6})^{3} =$

3-11
(1) $4 - 3^{2} \times 5 =$
(2) $42 \div \left[(5^{2} - 6 \times 4) + 13\right] =$

3-12
(1) $(-\dfrac{1}{3})^{2} - 27 \times \dfrac{8}{9} =$

(2) $1\dfrac{2}{3} + (-2)^{4} \div \left(\dfrac{1}{2}\right) =$

3-13
用科學記號表示
(1) 0.005782
(2) 39800000

3-14
用科學記號表示
(1) 485000000
(2) 0.00000072

3-15
比較大小
(1) 4.72×10^{4} ， 8.4×10^{5}
(2) 5.82×10^{8} ， 2.9×10^{7}

3-16 比較大小

(1) 1.32×10^{-5} , 2.4×10^{-7}

(2) 9.1×10^{-6} , 8.2×10^{-8}

3-17 (1) $(8 \times 10^5) \times (5 \times 10^3)$

(2) $(8 \times 10^5) \div (5 \times 10^3)$

3-18 (1) $(4 \times 10^8) \times (7 \times 10^7)$

(2) $(6.6 \times 10^{-6}) \div (3.3 \times 10^{-18})$

第三章　總複習習題解答

習題	解答	習題	解答
3-1	(1) -512 (2) -512	3-2	(1) 1 (2) 1 (3) 1
3-3	(1) 5^{12} (2) 7^{-4}	3-4	(1) 16 (2) 9^{11}
3-5	(1) 10^{-15} (2) 10^{-10}	3-6	(1) 8^{-3} (2) 8^{-3}
3-7	(1) 15^4 (2) 9	3-8	(1) 21^{10} (2) 32^{20}
3-9	(1) 1 (2) $\dfrac{1}{8}$	3-10	(1) 8^{14} (2) 5^{18}
3-11	(1) -41 (2) 3	3-12	(1) $-23\dfrac{8}{9}$ (2) $33\dfrac{2}{3}$
3-13	(1) 5.782×10^{-3} (2) 3.98×10^{7}	3-14	(1) 4.85×10^{8} (2) 7.2×10^{-7}
3-15	(1) $4.72\times10^{4}<8.4\times10^{5}$ (2) $5.82\times10^{8}>2.9\times10^{7}$	3-16	(1) $1.32\times10^{-5}>2.4\times10^{-7}$ (2) $9.1\times10^{-6}>8.2\times10^{-8}$
3-17	(1) 4×10^{9} (2) 1.6×10^{2}	3-18	(1) 2.8×10^{16} (2) 2×10^{12}

四則運算

194

第四章
平方根

4.1 節　開根號

根號

我們先說明根號的意義及它的值。"$\sqrt{}$"我們讀做根號。若 a 為一個正數，$\sqrt{a}$ 我們就讀做根號 a。當我們問 9 開根號是多少時，答案即為 $\sqrt{9}$。當我們問 4 開根號是多少時，答案即為 $\sqrt{4}$。我們還可以再更深入的計算 $\sqrt{4}$ 與 $\sqrt{9}$ 的值。

2 的平方是 4，即 $2 \times 2 = 4$，$\sqrt{4} = 2$。

3 的平方是 9，即 $3 \times 3 = 9$，$\sqrt{9} = 3$。

$-\sqrt{4} = -2$，$-\sqrt{9} = -3$。

最後須特別說明的一個觀念，對任何一個正數 a 來說，$\sqrt{a}$ 計算出來的值一定大於或等於 0。

以下是 1→20 平方，同學應該背下來，開根號是會用到。

a	1	2	3	4	5	6	7	8	9	10
a^2	1	4	9	16	25	36	49	64	81	100
a	11	12	13	14	15	16	17	18	19	20
a^2	121	144	169	196	225	256	289	324	361	400

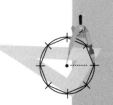

1.1

1. $\sqrt{25} =$ _____

2. $-\sqrt{81} =$ _____

3. $\sqrt{169} =$ _____

4. $-\sqrt{256} =$ _____

詳解：

1. $\sqrt{25} = \sqrt{(5)^2} = 5$

2. $-\sqrt{81} = -\sqrt{(9)^2} = -9$

3. $\sqrt{169} = \sqrt{(13)^2} = 13$

4. $-\sqrt{256} = -\sqrt{(16)^2} = -16$

1.2

1. $\sqrt{49} =$ _____

2. $-\sqrt{361} =$ _____

3. $-\sqrt{64} =$ _____

4. $\sqrt{121} =$ _____

詳解：

1. $\sqrt{49} = \sqrt{(7)^2} = 7$

2. $-\sqrt{361} = -\sqrt{(19)^2} = -19$

3. $-\sqrt{64} = -\sqrt{(8)^2} = -8$

4. $\sqrt{121} = \sqrt{(11)^2} = 11$

1.3

1. $-\sqrt{196} =$ _____

2. $\sqrt{144} =$ _____

3. $\sqrt{324} =$

4. $-\sqrt{289} =$

詳解：

1. $-\sqrt{196} = -\sqrt{(14)^2} = -14$

2. $\sqrt{144} = \sqrt{(12)^2} = 12$

3. $\sqrt{324} = \sqrt{(18)^2} = 18$

4. $-\sqrt{289} = -\sqrt{(17)^2} = -17$

四則運算

1-4 求下列各式的值：

1.求 $\sqrt{(13)^2}$

3.求 $\sqrt{(-49)^2}$ 之值

2.求 $\sqrt{(-27)^2}$ 之值

4.求 $-\sqrt{(32)^2}$ 之值

詳解：

1. $\sqrt{(13)^2} = 13$

3. $\sqrt{(-49)^2} = \sqrt{(49)^2} = 49$

2. $\sqrt{(-27)^2} = \sqrt{(27)^2} = 27$

4. $-\sqrt{(32)^2} = -32$

1-5

1. $\sqrt{(-19)^2}$

3. $\sqrt{(64)^2}$

2. $-\sqrt{(28)^2}$

4. $\sqrt{(-16)^2}$

詳解：

1. $\sqrt{(-19)^2} = \sqrt{(19)^2} = 19$

3. $\sqrt{(64)^2} = 64$

2. $-\sqrt{(28)^2} = -28$

4. $\sqrt{(-16)^2} = \sqrt{(16)^2} = 16$

習題

1-1 求 $\sqrt{(5)^2}$ 之值。

1-2 求 $\sqrt{(5)^2}$ 之值。

1-3 求 $-\sqrt{(2)^2}$ 之值。

1-4 求 $-\sqrt{(7)^2}$ 之值。

1-5 求 $\sqrt{(-8)^2}$ 之值。

習題解答

習題	解答
1-1	5
1-2	5
1-3	−2
1-4	−7
1-5	8

四則運算

4.2 節　平方根

我們現在談談平方根，

2 的平方是 4，即 $2 \times 2 = 4$

3 的平方是 9，即 $3 \times 3 = 9$

但是 -2 的平方是 4，即 $(-2) \times (-2) = 4$

-3 的平方是 9，即 $(-3) \times (-3) = 9$

所以我們稱 2 為 4 的平方根，3 為 9 的平方根。

我們也稱 -2 為 4 的平方根，-3 為 9 的平方根。

我們再用一個例子來說明，我們問 36 開根號為多少或問 36 的平方根為多少時，我們計算 $\sqrt{36} = 6$，所以 ± 6 是 36 的平方根。

例　題

2.1

1. $(-4)^2 =$ _____
2. $(8)^2 =$ _____
3. $(17)^2 =$ _____
4. $(-12)^2 =$ _____

詳解：

1. $(-4)^2 = (-4) \times (-4) = 16$
2. $(8)^2 = (8) \times (8) = 64$
3. $(17)^2 = (17) \times (17) = 289$
4. $(-12)^2 = (-12) \times (-12) = 144$

2-2

1. $(-19)^2 =$ _____

2. $(15)^2 =$ _____

3. $(14)^2 =$ _____

4. $(-18)^2 =$ _____

詳解：

1. $(-19)^2 = (-19) \times (-19) = 361$

2. $(15)^2 = (15) \times (15) = 225$

3. $(14)^2 = (14) \times (14) = 196$

4. $(-18)^2 = (-18) \times (-18) = 324$

2-3

1. 64 的平方根是多少？

2. 121 的平方根是多少？

3. 144 的平方根是多少？

詳解：

1. $(\pm 8)^2 = 64$；64 的平方根是 ± 8。

2. $(\pm 11)^2 = 121$；121 的平方根是 ± 11。

3. $(\pm 12)^2 = 144$；144 的平方根是 ± 12。

2-4

1. 49 的平方根是多少？

2. 225 的平方根是多少？

3. 361 的平方根是多少？

詳解：

1. $(\pm 7)^2 = 49$；49 的平方根是 ± 7。

2. $(\pm 15)^2 = 225$；225 的平方根是 ± 15。

3. $(\pm 19)^2 = 361$；361 的平方根是 ± 19。

2.5　1.5 是＿＿＿＿的平方根。

　　　2.7 是＿＿＿＿的平方根。

　　　3.−9 是＿＿＿＿的平方根。

詳解：

1.$(5)^2 = 25$；5 是 25 的平方根。

2.$(7)^2 = 49$；7 是 49 的平方根。

3.$(-9)^2 = 81$；−9 是 81 的平方根。

2.6　1.11 是＿＿＿＿的平方根。

　　　2.−20 是＿＿＿＿的平方根。

　　　3.17 是＿＿＿＿的平方根。

詳解：

1.$(11)^2 = 121$；11 是 121 的平方根。

2.$(-20)^2 = 400$；−20 是 400 的平方根。

3.$(17)^2 = 289$；17 是 289 的平方根。

習題

2.1　12 是＿＿＿＿的平方根。

2.2　−12 是＿＿＿＿的平方根。

2.3　256 的平方根是＿＿＿＿。

2.4　25 的平方根是＿＿＿＿。

2.5　169 的平方根是＿＿＿＿。

習題	解答
2-1	144
2-2	144
2-3	±16
2-4	±5
2-5	±13

四則運算

4.3 節　平方根的運算

我們都知道 $\sqrt{4}=2$，$\sqrt{16}=4$，$\sqrt{25}=5$，那麼 $\sqrt{2}$ 是什麼呢？

$\sqrt{2}$ 不是一個整數，通常是一個含有無窮小數的數，為了可以計算題目，我們說

$\sqrt{2} \fallingdotseq 1.414$

$\sqrt{3} \fallingdotseq 1.732$

"$\fallingdotseq$，$\approx$" 表示是近似值，同學不妨算一下

$$
\begin{array}{r}
1.4\,1\,4 \\
\times \quad 1.4\,1\,4 \\
\hline
5\,6\,5\,6 \\
1\,4\,1\,4 \\
5\,6\,5\,6 \\
1\,4\,1\,4 \\
\hline
1.9\,9\,9\,3\,9\,6
\end{array}
$$

$(1.414)^2 = 1.999396$ 非常靠近 2。

$$
\begin{array}{r}
1.7\,3\,2 \\
\times \quad 1.7\,3\,2 \\
\hline
3\,4\,6\,4 \\
5\,1\,9\,6 \\
1\,2\,1\,2\,4 \\
1\,7\,3\,2 \\
\hline
2.9\,9\,9\,8\,2\,4
\end{array}
$$

$(1.732)^2 = 2.999824$ 非常靠近 3。

我們可以看看平方根是如何計算出來的，我們的確不能非常精確地計算出任何一個整數的平方根，但我們可以求一個近似值。

3-1　以 $\sqrt{5}$ 為例，對 5 而言，比 5 小而又是一個整數的平方是 4，因此我們知道 $\sqrt{5} > \sqrt{4} = 2$。我們也知道 $\sqrt{5} < 2 + 1 = 3$，也就是說，

$$2 < \sqrt{5} < 3$$

究竟 $\sqrt{5}$ 等於多少呢？我們可以用猜的求一個近似值，我們先看看 2.5 行不行。

$$(2.5)^2 = 6.25 > 5$$

因此 2.5 太大了，我們可以說 $2 < \sqrt{5} < 2.5$，我們試

$$(2.3)^2 = 5.29 > 5$$

仍然太大了，我們知道 $2 < \sqrt{5} < 2.3$，我們試 2.2

$$(2.2)^2 = 4.84 < 5$$

我們可以說 $2.2 < \sqrt{5} < 2.3$，但是我們顯然可以試一個比 2.2 稍微再大的一個數，試 2.23

$$(2.23)^2 = 4.9729$$

我們可以說 $\sqrt{5} \approx 2.23$

3-2　我們可以再算 $\sqrt{13}$。

小於 13 且距離 13 最小平方數是 9，$\sqrt{9} = 3$，所以我們知道

$$3 < \sqrt{13} < 3 + 1 = 4$$

我們可以從 3.5 開始猜起

$$(3.5)^2 = 12.25 < 13$$

所以我們得知 $3.5 < \sqrt{13} < 4$

我們猜 3.7

$$(3.7)^2 = 13.69 > 13$$

我們得知 $3.5 < \sqrt{13} < 3.7$

我們試 $(3.6)^2 = 12.96$，已經近 13 了，因此我們的結論是

$$\sqrt{13} \approx 3.6$$

3-3

我們算 $\sqrt{30}$。

距離 30 最接近的平方是 25。

$\sqrt{25} = 5$

所以 $5 < \sqrt{30} < 5+1 = 6$

我們試 5.5

$(5.5)^2 = 30.25 > 30$

所以 $5 < \sqrt{30} < 5.5$

因為 $(5.5)^2 = 30.25$，已經很靠近 30，我們可以猜 5.4

$(5.4)^2 = 29.16 < 30$

所以 $5.4 < \sqrt{30} < 5.5$

我們可以猜 5.45

$(5.45)^2 = 29.70$

因為 29.70 已經很接近 30

所以我們的結論是

$\sqrt{30} \approx 5.45$

我們仍然可以做以下的運算：

3-4

1. $3\sqrt{2} + 4\sqrt{2} = $ _____
2. $2\sqrt{2} - 4\sqrt{2} = $ _____
3. $-(3\sqrt{2} + \sqrt{2}) = $ _____

詳解：

1. $3\sqrt{2} + 4\sqrt{2} = (3+4)\sqrt{2} = 7\sqrt{2}$
2. $2\sqrt{2} - 4\sqrt{2} = (2-4)\sqrt{2} = -2\sqrt{2}$
3. $-(3\sqrt{2} + \sqrt{2}) = -3\sqrt{2} - \sqrt{2} = -4\sqrt{2}$

3-5

1. $(\sqrt{2}+5\sqrt{2})-(-\sqrt{2})=$ _____

2. $(\sqrt{2}-\sqrt{3})+(-2\sqrt{2})=$ _____

3. $(5\sqrt{2}-6\sqrt{3})+(\sqrt{2}-7\sqrt{3})=$ _____

詳解：

1. $(\sqrt{2}+5\sqrt{2})-(-\sqrt{2})=(1+5)\sqrt{2}+\sqrt{2}=(1+5+1)\sqrt{2}=7\sqrt{2}$

2. $(\sqrt{2}-\sqrt{3})+(-2\sqrt{2})=(1-2)\sqrt{2}-\sqrt{3}=-\sqrt{2}-\sqrt{3}$

3. $(5\sqrt{2}-6\sqrt{3})+(\sqrt{2}-7\sqrt{3})=(5+1)\sqrt{2}-(6+7)\sqrt{3}=6\sqrt{2}-13\sqrt{3}$

除此之外，我們必須知道以下的規則：

$(\sqrt{a})^2=a$

3-6

試求下列各值：

(1) $(\sqrt{3})^2$

(2) $\left(\dfrac{\sqrt{3}}{2}\right)^2$

詳解：

(1) $(\sqrt{3})^2=3$

(2) $\left(\dfrac{\sqrt{3}}{2}\right)^2=\dfrac{(\sqrt{3})^2}{2^2}=\dfrac{3}{4}$

3-7

(1) $(\sqrt{5^2})^2$

(2) $\left(\dfrac{\sqrt{5}}{5}\right)^2$

詳解：

(1) $(\sqrt{5^2})^2=5^2=25$

(2) $\left(\dfrac{\sqrt{5}}{5}\right)^2=\dfrac{(\sqrt{5})^2}{5^2}=\dfrac{5}{25}=\dfrac{1}{5}$

有理化：有時我們希望分數的分母中沒有根號，這叫做有理化，例
子如下：

3-8

試化簡：$\dfrac{1}{\sqrt{2}} = \dfrac{\sqrt{2}}{2}$

詳解：$\dfrac{1}{\sqrt{2}} = \dfrac{1 \times \sqrt{2}}{\sqrt{2} \times \sqrt{2}} = \dfrac{\sqrt{2}}{2}$

3-9

試化簡：$\dfrac{1}{\sqrt{5}} = \dfrac{\sqrt{5}}{5}$

詳解：$\dfrac{1}{\sqrt{5}} = \dfrac{1 \times \sqrt{5}}{\sqrt{5} \times \sqrt{5}} = \dfrac{\sqrt{5}}{5}$

3-10

試化簡：$\dfrac{1}{2\sqrt{5}} = \dfrac{\sqrt{5}}{10}$

詳解：$\dfrac{1}{2\sqrt{5}} = \dfrac{1 \times \sqrt{5}}{2\sqrt{5} \times \sqrt{5}} = \dfrac{\sqrt{5}}{10}$

3-11

試化簡：$\dfrac{1}{2} + \dfrac{1}{\sqrt{2}} = \dfrac{1+\sqrt{2}}{2}$

詳解：

$$\dfrac{1}{2} + \dfrac{1}{\sqrt{2}} = \dfrac{1}{\sqrt{2} \times \sqrt{2}} + \dfrac{1}{\sqrt{2}} = \dfrac{1}{\sqrt{2} \times \sqrt{2}} + \dfrac{\sqrt{2}}{\sqrt{2} \times \sqrt{2}} = \dfrac{1+\sqrt{2}}{\sqrt{2} \times \sqrt{2}} = \dfrac{1+\sqrt{2}}{2}$$

3-12

試化簡：$\dfrac{1}{\sqrt{5}} + \dfrac{1}{\sqrt{2}}$

詳解：

$$\dfrac{1}{\sqrt{5}} + \dfrac{1}{\sqrt{2}} = \dfrac{\sqrt{5}}{\sqrt{5} \times \sqrt{5}} + \dfrac{\sqrt{2}}{\sqrt{2} \times \sqrt{2}} = \dfrac{\sqrt{5}}{5} + \dfrac{\sqrt{2}}{2} = \dfrac{2\sqrt{5} + 5\sqrt{2}}{10}$$

平方根的運算

209

3-13　試求：$\sqrt{615}$

詳解：

$615 = 6.15 \times 10^2$

$\sqrt{615} = \sqrt{6.15 \times 10^2} = \sqrt{6.15} \times 10$

距離 6.15 最近的整數平方數是 4，$\sqrt{4} = 2$。

$\therefore 2 < \sqrt{6.15} < 2 + 1 = 3$

我們從 2.5 猜起

$(2.5)^2 = 6.25$

故 $2 < \sqrt{6.15} < 2.5$。

我們猜 2.4，

$(2.4)^2 = 5.76 < 6.15$。

故 $2.4 < \sqrt{6.15} < 2.5$。

我們猜 $(2.45)^2 = 6.0025 < 6.15$ 已很靠近 6.15。

故 $\sqrt{6.15} \approx 2.45$

$\sqrt{615} = 2.45 \times 10 = 24.5$

3-14　試求：$\sqrt{900}$

詳解：

$\sqrt{900} = \sqrt{9 \times 100} = \sqrt{3^2 \times 10^2} = 3 \times 10 = 30$

3-15　試求：$\sqrt{4900}$

詳解：

$\sqrt{4900} = \sqrt{49 \times 100} = \sqrt{7^2 \times 10^2} = 7 \times 10 = 70$

3-16　試求：$\sqrt{1600}$

詳解：

$\sqrt{1600} = \sqrt{16 \times 100} = \sqrt{4^2 \times 10^2} = 4 \times 10 = 40$

3-17 試求：$\sqrt{2500}$

詳解：

$$\sqrt{2500} = \sqrt{25 \times 100} = \sqrt{5^2 \times 10^2} = 5 \times 10 = 50$$

3-18 試求：$\sqrt{98}$

詳解：

$$\sqrt{98} = \sqrt{2 \times 49} = \sqrt{2 \times 7^2} = 7\sqrt{2}$$

3-19 試求：$\sqrt{75}$

詳解：

$$\sqrt{75} = \sqrt{3 \times 25} = \sqrt{3 \times 5^2} = 5\sqrt{3}$$

3-20 試求：$\sqrt{28}$

詳解：

$$\sqrt{28} = \sqrt{4 \times 7} = 2\sqrt{7}$$

習 題

3-1 求 $\sqrt{12}$ 的近似值。

3-2 求 $\sqrt{29}$ 的近似值。

3-3 求 $\sqrt{19}$ 的近似值。

3-4 求 $\sqrt{7}$ 的近似值。

3.5 $(3\sqrt{5}+\sqrt{2})-\sqrt{5} =$ _____ 。

3.6 $(2\sqrt{2}-\sqrt{3})+(3\sqrt{2}-2\sqrt{3}) =$ _____ 。

3.7 $(-\sqrt{2}+2\sqrt{3})-(-2\sqrt{2}) =$ _____ 。

3.8 $(3\sqrt{3}-\sqrt{2})+(2\sqrt{2}-\sqrt{3}) =$ _____ 。

3.9 $(\sqrt{5^2})^2 =$ _____ 。

3.10 $(\sqrt{5})^2 =$ _____ 。

3.11 $\left(\dfrac{\sqrt{3}}{3}\right)^2 =$ _____ 。

3.12 $\left(\dfrac{\sqrt{2}}{2}\right)^2 =$ _____ 。

3.13 $\left(\dfrac{\sqrt{2}}{4}\right)^2 =$ _____ 。

3.14 $\left(\dfrac{\sqrt{3}}{2}\right)^2 =$ _____ 。

3.15 $(\sqrt{3})^2 =$ _____ 。

3.16 試證 $\dfrac{1}{\sqrt{3}} = \dfrac{\sqrt{3}}{3}$ 。

3.14 試證 $\dfrac{1}{2\sqrt{2}} = \dfrac{\sqrt{2}}{4}$ 。

3.18 試證 $\dfrac{1}{2\sqrt{3}} = \dfrac{\sqrt{3}}{6}$ 。

3.19 試證 $\dfrac{1}{\sqrt{2}} + \dfrac{1}{2} = \dfrac{\sqrt{2}+1}{2}$ 。

3.20 試證 $\dfrac{1}{3} + \dfrac{1}{\sqrt{2}} = \dfrac{2+3\sqrt{2}}{6}$ 。

3.21 試求 $\sqrt{560}$ 的近似值。

3.22 試求 $\sqrt{300}$ 的近似值。

3.23 試求 $\sqrt{12100}$ 。

3.24 試求 $\sqrt{3600}$ 。

平方根的運算

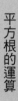

習題	解答
3-1	3.464
3-2	5.385
3-3	4.359
3-4	2.646
3-5	$(2\sqrt{5}+\sqrt{2})$
3-6	$(5\sqrt{2}-3\sqrt{3})$
3-7	$(\sqrt{2}+2\sqrt{3})$
3-8	$(2\sqrt{3}+\sqrt{2})$
3-9	25
3-10	5
3-11	$\left(\dfrac{1}{3}\right)$
3-12	$\left(\dfrac{1}{2}\right)$
3-13	$\left(\dfrac{1}{8}\right)$
3-14	$\left(\dfrac{3}{4}\right)$
3-15	3
3-16	$\dfrac{1}{\sqrt{3}}=\dfrac{1}{\sqrt{3}}\times\dfrac{\sqrt{3}}{\sqrt{3}}=\dfrac{\sqrt{3}}{\sqrt{9}}=\dfrac{\sqrt{3}}{3}$
3-17	$\dfrac{1}{2\sqrt{2}}=\dfrac{1}{2\sqrt{2}}\times\dfrac{\sqrt{2}}{\sqrt{2}}=\dfrac{\sqrt{2}}{4}$
3-18	$\dfrac{1}{2\sqrt{3}}=\dfrac{1}{2\sqrt{3}}\times\dfrac{\sqrt{3}}{\sqrt{3}}=\dfrac{\sqrt{3}}{6}$

四則運算

3-19	$\dfrac{1}{\sqrt{2}}+\dfrac{1}{2}=\dfrac{1}{\sqrt{2}}\times\dfrac{\sqrt{2}}{\sqrt{2}}+\dfrac{1}{2}=\dfrac{\sqrt{2}}{2}+\dfrac{1}{2}=\dfrac{\sqrt{2}+1}{2}$
3-20	$\dfrac{1}{3}+\dfrac{1}{\sqrt{2}}=\dfrac{1}{3}\times\dfrac{\sqrt{2}}{\sqrt{2}}+\dfrac{1}{\sqrt{2}}\times\dfrac{3}{3}=\dfrac{\sqrt{2}}{3\sqrt{2}}+\dfrac{3}{3\sqrt{2}}=\dfrac{\sqrt{2}+3}{3\sqrt{2}}$
3-21	$560=5.6\times10^{2}$ $\sqrt{560}=\sqrt{5.6\times10^{2}}=\sqrt{5.6}\times10$ 小於 5.6 且距離 5.6 最近的整數平方數是 4，$\sqrt{4}=2$。 $\therefore 2<\sqrt{5.6}<2+1=3$ 我們從 2.4 猜起 $(2.4)^{2}=5.76$ 故 $2<\sqrt{5.6}<2.4$。 我們猜 2.3 $(2.3)^{2}=5.29<5.6$。 故 $2.3<\sqrt{5.6}<2.4$。 我們猜 $(2.36)^{2}=5.5696<5.6$ 已很靠近 5.6。 故 $\sqrt{5.6}\approx2.36$ $\sqrt{560}=2.36\times10=23.6$
3-22	$300=3\times10^{2}$ $\sqrt{300}=\sqrt{3\times10^{2}}=\sqrt{3}\times10$ 小於 3 且距離 3 最近的整數平方數是 1，$\sqrt{1}=1$。 $\therefore 1<\sqrt{3}<1+1=2$ 我們從 1.8 猜起 $(1.8)^{2}=3.24$ 故 $1<\sqrt{3}<1.8$。 我們猜 1.7 $(1.7)^{2}=2.89$。 故 $1.7<\sqrt{3}<1.8$。 我們猜 $(1.73)^{2}=2.9929<3$ 已很靠近 3。 故 $\sqrt{3}\approx1.73$

		$\sqrt{300} = 1.73 \times 10 = 17.3$
3-23	110	
3-24	60	

四則運算

4.4 節　根號的進階運算

$\sqrt{a}$ 還有各種運算，我們首先來介紹以下的規則：

$$\sqrt{ab} = \sqrt{a}\sqrt{b}$$

$$\frac{\sqrt{a}}{\sqrt{b}} = \sqrt{\frac{a}{b}}$$

例　題

4-1

(1) $\sqrt{6} = \sqrt{2} \times \sqrt{3}$

(2) $\sqrt{8} = \sqrt{4} \times \sqrt{2} = 2\sqrt{2}$

(3) $\sqrt{12} = \sqrt{4} \times \sqrt{3} = 2\sqrt{3}$

(4) $\sqrt{32} = \sqrt{16} \times \sqrt{2} = 4\sqrt{2}$

(5) $\dfrac{\sqrt{3}}{\sqrt{2}} = \sqrt{\dfrac{3}{2}}$

(6) $\dfrac{\sqrt{14}}{\sqrt{4}} = \sqrt{\dfrac{14}{4}} = \sqrt{\dfrac{7}{2}}$

4-2

化簡 $\dfrac{\sqrt{18}}{\sqrt{3}}$。

詳解：

$$\frac{\sqrt{18}}{\sqrt{3}} = \sqrt{\frac{18}{3}} = \sqrt{6}$$

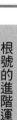

4-3

化簡 $\sqrt{\dfrac{6}{15}} \times \sqrt{\dfrac{5}{2}}$ 。

詳解：

$$\sqrt{\frac{6}{15}} \times \sqrt{\frac{5}{2}} = \sqrt{\frac{3\times 2}{3\times 5}} \times \sqrt{\frac{5}{2}} = \sqrt{\frac{2}{5}} \times \sqrt{\frac{5}{2}} = \sqrt{\frac{2\times 5}{5\times 2}} = \sqrt{\frac{10}{10}} = 1$$

另解：

$$\sqrt{\frac{6}{15}} \times \sqrt{\frac{5}{2}} = \sqrt{\frac{6\times 5}{15\times 2}} = \sqrt{\frac{30}{30}} = 1$$

4-4

化簡 $\sqrt{\dfrac{6}{5}} \div \sqrt{\dfrac{2}{15}}$ 。

詳解：

$$\sqrt{\frac{6}{5}} \div \sqrt{\frac{2}{15}} = \sqrt{\frac{6}{5}} \times \sqrt{\frac{15}{2}} = \sqrt{\frac{6}{5} \times \frac{15}{2}} = \sqrt{\frac{3\times 3}{1\times 1}} = \sqrt{3^2} = 3$$

4-5

化簡 $\sqrt{\dfrac{18}{15}} \div \sqrt{3}$ 。

詳解：

$$\sqrt{\frac{18}{15}} \div \sqrt{3} = \sqrt{\frac{18}{15}} \times \sqrt{\frac{1}{3}} = \sqrt{\frac{18}{45}} = \sqrt{\frac{2}{5}}$$

4-6

化簡 $\sqrt{\dfrac{121}{100}} \div \dfrac{2}{5}$ 。

詳解：

$$\sqrt{\frac{121}{100}} \div \frac{2}{5} = \sqrt{\frac{11^2}{10^2}} \div \frac{2}{5} = \sqrt{\left(\frac{11}{10}\right)^2} \div \frac{2}{5} = \frac{11}{10} \times \frac{5}{2} = \frac{11}{4}$$

4-7

化簡 $\sqrt{\dfrac{12}{15}} \times \sqrt{\dfrac{5}{3}}$。

詳解：

$$\sqrt{\frac{12}{15}} \times \sqrt{\frac{5}{3}} = \sqrt{\frac{4\times3}{5\times3}} \times \sqrt{\frac{5}{3}} = \sqrt{\frac{4}{5}} \times \sqrt{\frac{5}{3}} = \sqrt{\frac{4\times5}{5\times3}} = \sqrt{\frac{4}{3}} = \frac{\sqrt{4}}{\sqrt{3}} = \frac{2}{\sqrt{3}}$$

$$= \frac{2\sqrt{3}}{3}$$

4-8

化簡 $\left(\sqrt{\dfrac{2}{15}} \times \dfrac{\sqrt{3}}{2} \right) \div \left(-\dfrac{2}{\sqrt{5}} \right)$。

詳解：

$$\left(\sqrt{\frac{2}{15}} \times \frac{\sqrt{3}}{2} \right) \div \left(-\frac{2}{\sqrt{5}} \right) = \left(\sqrt{\frac{2}{15}} \times \sqrt{\frac{3}{4}} \right) \div \left(\frac{-2}{\sqrt{5}} \right)$$

$$= \left(\sqrt{\frac{6}{60}} \right) \div \left(\frac{-2}{\sqrt{5}} \right) = \left(\sqrt{\frac{1}{10}} \right) \div \left(\frac{-2}{\sqrt{5}} \right)$$

$$= -\sqrt{\frac{1}{10}} \times \frac{\sqrt{5}}{2} = -\sqrt{\frac{1}{10}} \times \sqrt{\frac{5}{4}} = -\sqrt{\frac{5}{40}} = -\sqrt{\frac{1}{8}} = -\frac{1}{2\sqrt{2}} = \frac{-\sqrt{2}}{4}$$

4-9

化簡 $\sqrt{\dfrac{3}{4}} \times \dfrac{2}{3} \times \dfrac{1}{\sqrt{3}}$。

詳解：

$$\sqrt{\frac{3}{4}} \times \frac{2}{3} \times \frac{1}{\sqrt{3}} = \frac{\sqrt{3}}{\sqrt{4}} \times \frac{2}{3} \times \frac{1}{\sqrt{3}} = \frac{\sqrt{3}}{2} \times \frac{2}{3} \times \frac{1}{\sqrt{3}} = \frac{1}{3}$$

我們有時要比較會有根號數的大小，這時，我們就用以下規則：

如 $a^2 > b^2$，則 $a > b$，假設 a 和 b 都是正整數的情況下。

4.10 比較 $2\sqrt{2}$ 和 $\sqrt{3}$。

詳解：

$$(2\sqrt{2})^2 = 4 \times 2 = 8$$

$$(\sqrt{3})^2 = 3$$

$$(2\sqrt{2})^2 = 8 > (\sqrt{3})^2 = 3$$

$$\therefore 2\sqrt{2} > \sqrt{3}.$$

4.11 比較 $\dfrac{1}{\sqrt{2}}$ 和 $\dfrac{\sqrt{3}}{2}$。

詳解：

$$\left(\frac{1}{\sqrt{2}}\right)^2 = \frac{1}{2}$$

$$\left(\frac{\sqrt{3}}{2}\right)^2 = \frac{3}{4}$$

$$\frac{1}{2} = \frac{2}{4}$$

$$\left(\frac{1}{\sqrt{2}}\right)^2 = \frac{1}{2} = \frac{2}{4} < \left(\frac{\sqrt{3}}{2}\right)^2 = \frac{3}{4}$$

$$\therefore \frac{1}{\sqrt{2}} < \frac{\sqrt{3}}{2}$$

4.12

比較 $\dfrac{\sqrt{3}}{3}$ 和 $\dfrac{1}{2}$ 。

詳解：

$$\left(\dfrac{\sqrt{3}}{3}\right)^2 = \dfrac{3}{9} = \dfrac{1}{3}$$

$$\left(\dfrac{1}{2}\right)^2 = \dfrac{1}{4}$$

$$\dfrac{1}{2} = \dfrac{2}{4}$$

$$\left(\dfrac{\sqrt{3}}{3}\right)^2 = \dfrac{1}{3} > \left(\dfrac{1}{2}\right)^2 = \dfrac{1}{4}$$

$$\therefore \dfrac{\sqrt{3}}{3} > \dfrac{1}{2}$$

4.13

比較 $\dfrac{\sqrt{5}}{2}$ 和 $\dfrac{5}{\sqrt{2}}$ 。

詳解：

$$\left(\dfrac{\sqrt{5}}{2}\right)^2 = \dfrac{5}{4}$$

$$\left(\dfrac{5}{\sqrt{2}}\right)^2 = \dfrac{25}{2} = \dfrac{50}{4}$$

$$\left(\dfrac{\sqrt{5}}{2}\right)^2 = \dfrac{5}{4} < \dfrac{25}{2} = \dfrac{50}{4} = \left(\dfrac{5}{\sqrt{2}}\right)^2$$

$$\therefore \dfrac{\sqrt{5}}{2} < \dfrac{5}{\sqrt{2}}$$

4.14 比較 $\dfrac{5}{2}$ 和 $\dfrac{5}{\sqrt{2}}$ 。

詳解：

$$\left(\dfrac{5}{2}\right)^2 = \dfrac{25}{4}$$

$$\left(\dfrac{5}{\sqrt{2}}\right)^2 = \dfrac{25}{2} = \dfrac{50}{4}$$

$$\left(\dfrac{5}{2}\right)^2 = \dfrac{25}{4} < \dfrac{25}{2} = \dfrac{50}{4} = \left(\dfrac{5}{\sqrt{2}}\right)^2$$

$$\therefore \dfrac{5}{2} < \dfrac{5}{\sqrt{2}}$$

4.15 比較 $\dfrac{\sqrt{2}}{2}$ 和 $\dfrac{1}{\sqrt{3}}$ 。

詳解：

$$\left(\dfrac{\sqrt{2}}{2}\right)^2 = \dfrac{2}{4} = \dfrac{1}{2}$$

$$\left(\dfrac{1}{\sqrt{3}}\right)^2 = \dfrac{1}{3}$$

$$\left(\dfrac{\sqrt{2}}{2}\right)^2 = \dfrac{1}{2} > \left(\dfrac{1}{\sqrt{3}}\right)^2 = \dfrac{1}{3}$$

$$\therefore \dfrac{\sqrt{2}}{2} > \dfrac{1}{\sqrt{3}}$$

1. (　　) 算式 $\left(-\sqrt{\dfrac{8}{15}}\right) \times \dfrac{\sqrt{3}}{2} \div \left(-\sqrt{\dfrac{6}{5}}\right)$ 的值為？【90.題本二-9】

   (A) $-\sqrt{\dfrac{24}{25}}$　　(B) $-\sqrt{\dfrac{2}{3}}$　　(C) $\sqrt{\dfrac{24}{25}}$　　(D) $\sqrt{\dfrac{1}{3}}$

   解答：D

   詳解：$\left(-\sqrt{\dfrac{8}{15}} \times \dfrac{\sqrt{3}}{2}\right) \div \left(-\sqrt{\dfrac{6}{5}}\right)$

   $= \left(-\sqrt{\dfrac{8}{15}} \times \dfrac{\sqrt{3}}{\sqrt{4}}\right) \div \left(-\sqrt{\dfrac{6}{5}}\right) = \left(-\sqrt{\dfrac{8 \times 3}{15 \times 4}}\right) \div \left(-\sqrt{\dfrac{6}{5}}\right)$

   $= \left(-\sqrt{\dfrac{2}{5}}\right) \div \left(-\sqrt{\dfrac{6}{5}}\right) = \sqrt{\dfrac{2}{5}} \times \sqrt{\dfrac{5}{6}} = \sqrt{\dfrac{1}{3}}$

---

2. (　　) 計算 $\left(-\sqrt{\dfrac{5}{6}}\right) \times \sqrt{\dfrac{24}{25}} \div \left(-\sqrt{\dfrac{3}{5}}\right)$ 之後，可得下列哪一個結果？【90.基本學測一-1】

   (A) $-\sqrt{\dfrac{4}{3}}$　　(B) $\sqrt{\dfrac{4}{3}}$　　(C) $-\dfrac{\sqrt{4}}{3}$　　(D) $\dfrac{\sqrt{4}}{3}$

   解答：B

   詳解：$\left(-\sqrt{\dfrac{5}{6}}\right) \times \sqrt{\dfrac{24}{25}} \div \left(-\sqrt{\dfrac{3}{5}}\right)$

   $= -\left(\sqrt{\dfrac{5 \times 24}{6 \times 25}}\right) \div \left(-\sqrt{\dfrac{3}{5}}\right)$

   $= \sqrt{\dfrac{4}{5}} \times \sqrt{\dfrac{5}{3}} = \sqrt{\dfrac{4}{3}}$

根號的進階運算

223

3. （　　）下列哪一個數值最接近 530 的正平方根？【94.基本學測一-5】

(A)21　(B)22　(C)23　(D)24

解答：C

詳解：這種題目可以用測試的方法。

$$(21)^2 = 441$$

$$(22)^2 = 484$$

$$(23)^2 = 529$$

$$(24)^2 = 576$$

$(23)^2$ 最靠近 530。

$\therefore 23$ 是接近 $\sqrt{530}$，(C)是對的。

4. （　　）此表表示 5 個數及其平方後所得到的值。利用此表估算 $\sqrt{160}$ 的整數部分為何？【96.基本學測二-18】

N	4	8	9	12	13
N^2	16	64	81	144	169

(A)12　(B)13　(C)40　(D)80

解答：A

詳解：小於 160 且距離 160 最近的平方數是 144。$\sqrt{144} = 12$，所以 $\sqrt{160}$ 的整數為 12。

5. (　　) $\sqrt{19}$ 的值介於下列哪兩數之間？【97.基本學測一-15】

(A)4.2，4.3　　(B)4.3，4.4　　(C)4.4，4.5　　(D)4.5，4.6

解答：B

詳解：距離 19 最近的平方數是 16，

$$4 < \sqrt{19} < 4 + 1 = 5$$

我們以 4.5 猜起，$(4.5)^2 = 20.25 > 19$

故 $4 < \sqrt{19} < 4.5$

我們猜 4.4，$(4.4)^2 = 19.36 > 19$

故 $4 < \sqrt{19} < 4.4$

我們猜 4.3，$(4.3)^2 = 18.49 < 19$

故 $4.3 < \sqrt{19} < 4.4$

因為這一題是選擇題，你也可以測試所有的答案，看看那一個對。

4.2，4.3

$(4.2)^2 = 17.64$，$(4.3)^2 = 18.49$。

∴ 19 不在 $(4.2)^2$ 和 $(4.3)^2$ 之間。

4.3，4.4

$(4.3)^2 = 18.49$，$(4.4)^2 = 19.36$，$18.49 < 19 < 19.36$，

$4.3 = \sqrt{18.49} < \sqrt{19} < \sqrt{19.36} = 4.4$。

所以(B)是對的。

(C)和(D)不用猜了。

---

6. (　　) 若 a 是 200.4 的正平方根，則下列何者正確？【97.基本學測二-12】

(A)$14 < a < 15$　　　　(B)$20.0 < a < 20.1$

(C)$200 < a < 201$　　　(D)$40000 < a < 40401$

解答：A

詳解：這一題也可以用測試的方法。

(A)$14^2 = 196$，$15^2 = 225$，$196 < 200.4 < 225$。

∴ (A)是對的。(B)，(C)，(D)都可以不用做了。

根號的進階運算

7. (　　)對於 $\sqrt{5678}$ 的值，下列關係式何者正確？【98.基本學測一-5】

    (A) $55 < \sqrt{5678} < 60$　　　　(B) $65 < \sqrt{5678} < 70$

    (C) $75 < \sqrt{5678} < 80$　　　　(D) $80 < \sqrt{5678} < 90$

解答：C

詳解：這種題目，仍然可以用測試的方式。以(A)為例。

    (A) $55^2 = 3025$，$60^2 = 3600$。

        $\therefore 5678$ 不在 55^2 和 60^2 之間，$\sqrt{5678}$ 不在 55 和 60 之間。

        用同樣的方法，可以證明(B)是不對的。

    (C) $75^2 = 5625$，$80^2 = 6400$。

        $\therefore 75^2 = 5625 < 5678 < 80^2 = 6400$；$75 < \sqrt{5678} < 80$。

    (D)一定不對了。

---

8. (　　)圖(一)的數線上有 A、B、C、D 四點，其中哪一點所表示的數最接近 $\sqrt{13.1}$ ？【98.基本學測二-4】

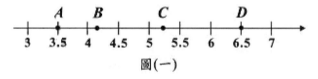

圖(一)

(A)A　(B)B　(C)C　(D)D

解答：A

詳解：小於 13.1 且距離 13.1 最近的平方數是 9，$\sqrt{9} = 3$。

    $3 < \sqrt{13.1} < 3 + 1 = 4$，我們先試 3.5，$(3.5)^2 = 12.25$，

    $\sqrt{13.1} \cong 3.5$。

    答案是(A)。

9. （　）比較 $\dfrac{5}{2}$，$\dfrac{\sqrt{5}}{2}$，$\dfrac{5}{\sqrt{2}}$，$\sqrt{\dfrac{5}{2}}$ 四數的值，何者最大？【92.基本學測二-9】

(A) $\dfrac{5}{2}$　(B) $\dfrac{\sqrt{5}}{2}$　(C) $\dfrac{5}{\sqrt{2}}$　(D) $\sqrt{\dfrac{5}{2}}$

解答：C

詳解：$\left(\dfrac{5}{2}\right)^2 = \dfrac{25}{4}$

$\left(\dfrac{\sqrt{5}}{2}\right)^2 = \dfrac{5}{4}$

$\left(\dfrac{5}{\sqrt{2}}\right)^2 = \dfrac{25}{2} = \dfrac{50}{4}$

$\left(\sqrt{\dfrac{5}{2}}\right)^2 = \dfrac{5}{2} = \dfrac{10}{4}$

由以上可知 $\left(\dfrac{5}{\sqrt{2}}\right)^2$ 為最大。

所以 $\dfrac{5}{\sqrt{2}}$ 為最大，

故(C)是對的。

---

10. （　）下列關於「平方根」的敘述，哪一項是正確的？【94.參考題本-17】

(A) 已知 $a=19^2$，則 a 為 19 的平方根。

(B) 因為 $-9 = -3^2$，所以 -3 是 -9 的平方根。

(C) 已知 a 是 36 的平方根，則 $-a$ 也是 36 的平方根。

(D) 因為任一整數的平方不等於 20，所以 20 沒有平方根。

解答：C

詳解：(A) 已知 $a=19^2$，則 19 為 a 的平方根。

(B) 因為 $-9 = -3^2$，$9 = 3^2$，所以 -3 是 9 的平方根。

(C) 已知 6 是 36 的平方根，則 -6 也是 36 的平方根。

(D) 因為任一整數的平方不等於 20，所以 20 的平方根是 $\sqrt{20}$。

4-1 試證 $\left(\dfrac{\sqrt{2}}{2}\times\dfrac{1}{\sqrt{2}}\right)\div\left(\dfrac{\sqrt{2}}{3}\right)=\dfrac{3}{2\sqrt{2}}$ 。

4-2 試證 $\sqrt{\dfrac{9}{4}}\times\left(\dfrac{2}{3}\right)=1$ 。

4-3 試證 $\left(\dfrac{3}{\sqrt{2}}\times\dfrac{1}{\sqrt{2}}\right)\div\left(\dfrac{\sqrt{2}}{3}\right)=\dfrac{9}{2\sqrt{2}}$ 。

4-4 試證 $\left(\sqrt{\dfrac{3}{9}}\times\sqrt{\dfrac{1}{3}}\right)\times\dfrac{3}{2}=\dfrac{1}{2}$ 。

4-5 試證 $\left(\sqrt{\dfrac{9}{12}}\div\dfrac{\sqrt{3}}{2}\right)\times\dfrac{1}{\sqrt{2}}=\dfrac{1}{\sqrt{2}}$ 。

4-6 試證 $\left(\dfrac{\sqrt{2}}{2}\times\dfrac{\sqrt{2}}{3}\right)\div\sqrt{\dfrac{1}{4}}=\dfrac{2}{3}$ 。

4-7 試證 $\left(\sqrt{\dfrac{2}{15}}\times\dfrac{\sqrt{2}}{3}\right)\div\left(\dfrac{1}{\sqrt{5}}\right)=\dfrac{2}{3\sqrt{3}}$ 。

4-8 試證 $\left(\sqrt{\dfrac{2}{3}}\times\sqrt{\dfrac{1}{5}}\right)\times\dfrac{\sqrt{5}}{\sqrt{3}}=\dfrac{\sqrt{2}}{3}$ 。

4-9 比較以下數的大小

(1) $\dfrac{1}{\sqrt{2}}$，$\dfrac{\sqrt{2}}{2}$。

(2) $\dfrac{3}{\sqrt{3}}$，$\dfrac{\sqrt{5}}{2}$。

(3) $\dfrac{2\sqrt{3}}{3}$，$\dfrac{3\sqrt{2}}{2}$。

(4) $\dfrac{1}{\sqrt{5}}$，$\dfrac{\sqrt{2}}{2}$。

4-10 比較 $\dfrac{1}{\sqrt{2}}$，$\dfrac{\sqrt{3}}{2}$，$\dfrac{2}{\sqrt{5}}$，$\dfrac{1}{\sqrt{3}}$ 何者為最大。

4-11 比較 $\dfrac{3}{\sqrt{2}}$，$\dfrac{4}{\sqrt{3}}$，$\dfrac{\sqrt{2}}{2}$，$\dfrac{1}{\sqrt{5}}$ 何者為最大，何者為最小。

4-12 比較 $\dfrac{\sqrt{5}}{3}$，$\dfrac{3}{2}$，$\dfrac{3}{\sqrt{5}}$，$\dfrac{2}{3}$ 何者為最大，何者為最小。

4-13 比較 $\dfrac{\sqrt{3}}{2}$，$\dfrac{3}{\sqrt{2}}$，$\dfrac{4}{3}$，$\dfrac{3\sqrt{2}}{\sqrt{5}}$ 何者為最大，何者為最小。

4-14 比較 $\dfrac{\sqrt{5}}{2}$，$\dfrac{\sqrt{6}}{3}$，$\dfrac{\sqrt{7}}{4}$，$\dfrac{\sqrt{8}}{5}$ 何者為最大，何者為最小。

根號的進階運算

習題解答

習題	解答
4-1	$\left(\dfrac{\sqrt{2}}{2} \times \dfrac{1}{\sqrt{2}}\right) \div \left(\dfrac{\sqrt{2}}{3}\right) = \left(\dfrac{1}{2}\right) \times \dfrac{3}{\sqrt{2}} = \dfrac{3}{2\sqrt{2}}$
4-2	$\sqrt{\dfrac{9}{4}} \times \left(\dfrac{2}{3}\right) = \sqrt{\dfrac{9}{4}} \times \sqrt{\dfrac{4}{9}} = \sqrt{\dfrac{9 \times 4}{4 \times 9}} = 1$
4-3	$\left(\dfrac{3}{\sqrt{2}} \times \dfrac{1}{\sqrt{2}}\right) \div \left(\dfrac{\sqrt{2}}{3}\right) = \dfrac{3 \times 1}{\sqrt{2 \times 2}} \times \dfrac{3}{\sqrt{2}} = \dfrac{3 \times 3}{2\sqrt{2}} = \dfrac{9}{2\sqrt{2}}$
4-4	$\left(\sqrt{\dfrac{3}{9}} \times \sqrt{\dfrac{1}{3}}\right) \times \dfrac{3}{2} = \sqrt{\dfrac{3 \times 1}{9 \times 3}} \times \sqrt{\dfrac{3 \times 3}{2 \times 2}} = \sqrt{\dfrac{3 \times 1 \times 3 \times 3}{9 \times 3 \times 2 \times 2}} = \sqrt{\dfrac{1}{2 \times 2}} = \dfrac{1}{2}$
4-5	$\left(\sqrt{\dfrac{9}{12}} \div \dfrac{\sqrt{3}}{2}\right) \times \dfrac{1}{\sqrt{2}} = \left(\sqrt{\dfrac{3 \times 3}{2 \times 2 \times 3}} \times \dfrac{\sqrt{2 \times 2}}{\sqrt{3}}\right) \times \dfrac{1}{\sqrt{2}} = \sqrt{\dfrac{3}{3}} \times \dfrac{1}{\sqrt{2}} = \dfrac{1}{\sqrt{2}}$
4-6	$\left(\dfrac{\sqrt{2}}{2} \times \dfrac{\sqrt{2}}{3}\right) \div \sqrt{\dfrac{1}{4}} = \left(\dfrac{\sqrt{2}}{\sqrt{2 \times 2}} \times \dfrac{\sqrt{2}}{\sqrt{3 \times 3}}\right) \times \sqrt{\dfrac{4}{1}} = \dfrac{1}{3} \times 2 = \dfrac{2}{3}$
4-7	$\left(\sqrt{\dfrac{2}{15}} \times \dfrac{\sqrt{2}}{3}\right) \div \left(\dfrac{1}{\sqrt{5}}\right) = \left(\sqrt{\dfrac{2 \times 2}{15 \times 3 \times 3}} \times \dfrac{\sqrt{5}}{1}\right) = \dfrac{2}{3\sqrt{3}}$
4-8	$\left(\sqrt{\dfrac{2}{3}} \times \sqrt{\dfrac{1}{5}}\right) \times \dfrac{\sqrt{5}}{\sqrt{3}} = \sqrt{\dfrac{2 \times 1 \times 5}{3 \times 5 \times 3}} = \dfrac{\sqrt{2 \times 1}}{\sqrt{3 \times 3}} = \dfrac{\sqrt{2}}{3}$
4-9	(1) $\left(\dfrac{1}{\sqrt{2}}\right)^2 = \dfrac{1}{2}$ $\left(\dfrac{\sqrt{2}}{2}\right)^2 = \dfrac{1}{2}$ $\left(\dfrac{1}{\sqrt{2}}\right)^2 = \dfrac{1}{2} = \left(\dfrac{\sqrt{2}}{2}\right)^2 = \dfrac{1}{2}$

$$\therefore \frac{1}{\sqrt{2}} = \frac{\sqrt{2}}{2}$$

(2)

$$\left(\frac{3}{\sqrt{3}}\right)^2 = 3$$

$$\left(\frac{\sqrt{5}}{2}\right)^2 = \frac{5}{4} = 1.25$$

$$\left(\frac{3}{\sqrt{3}}\right)^2 = 3 > \left(\frac{\sqrt{5}}{2}\right)^2 = 1.25$$

$$\therefore \frac{3}{\sqrt{3}} > \frac{\sqrt{5}}{2}$$

(3)

$$\left(\frac{2\sqrt{3}}{3}\right)^2 = \frac{12}{9} = \frac{4}{3}$$

$$\left(\frac{3\sqrt{2}}{2}\right)^2 = \frac{9 \times 2}{4} = \frac{9}{2}$$

$$\left(\frac{2\sqrt{3}}{3}\right)^2 = \frac{4}{3} < \left(\frac{3\sqrt{2}}{2}\right)^2 = \frac{9}{2}$$

$$\therefore \frac{2\sqrt{3}}{3} < \frac{3\sqrt{2}}{2}$$

(4)

$$\left(\frac{1}{\sqrt{5}}\right)^2 = \frac{1}{5}$$

$$\left(\frac{\sqrt{2}}{2}\right)^2 = \frac{1}{2}$$

$$\left(\frac{1}{\sqrt{5}}\right)^2 = \frac{1}{5} < \left(\frac{\sqrt{2}}{2}\right)^2 = \frac{1}{2}$$

$$\therefore \frac{1}{\sqrt{5}} < \frac{\sqrt{2}}{2}$$

根號的進階運算

4-10	$\left(\dfrac{1}{\sqrt{2}}\right)^2 = \dfrac{1}{2} = 0.5$ $\left(\dfrac{\sqrt{3}}{2}\right)^2 = \dfrac{3}{4} = 0.75$ $\left(\dfrac{2}{\sqrt{5}}\right)^2 = \dfrac{4}{5} = 0.8$ $\left(\dfrac{1}{\sqrt{3}}\right)^2 = \dfrac{1}{3} = 0.333$ $\left(\dfrac{2}{\sqrt{5}}\right)^2 = 0.8 > \left(\dfrac{\sqrt{3}}{2}\right)^2 = 0.75 > \left(\dfrac{1}{\sqrt{2}}\right)^2 = 0.5 > \left(\dfrac{1}{\sqrt{3}}\right)^2 = 0.333$ $\therefore$ 最大為 $\dfrac{2}{\sqrt{5}}$
4-11	$\left(\dfrac{3}{\sqrt{2}}\right)^2 = \dfrac{9}{2} = 4.5$ $\left(\dfrac{4}{\sqrt{3}}\right)^2 = \dfrac{16}{3} = 5.3333$ $\left(\dfrac{\sqrt{2}}{2}\right)^2 = \dfrac{2}{4} = 0.5$ $\left(\dfrac{1}{\sqrt{5}}\right)^2 = \dfrac{1}{5} = 0.2$ $\left(\dfrac{4}{\sqrt{3}}\right)^2 = 5.3333 > \left(\dfrac{3}{\sqrt{2}}\right)^2 = 4.5 > \left(\dfrac{\sqrt{2}}{2}\right)^2 = 0.5 > \left(\dfrac{1}{\sqrt{5}}\right)^2 = 0.2$ $\therefore$ 最大為 $\dfrac{4}{\sqrt{3}}$ ，最小為 $\dfrac{1}{\sqrt{5}}$

4-12	$\left(\dfrac{\sqrt{5}}{3}\right)^2 = \dfrac{5}{9} = 0.5556$ $\left(\dfrac{3}{2}\right)^2 = \dfrac{9}{4} = 2.25$ $\left(\dfrac{3}{\sqrt{5}}\right)^2 = \dfrac{9}{5} = 1.8$ $\left(\dfrac{2}{3}\right)^2 = \dfrac{4}{9} = 0.4444$ $\left(\dfrac{3}{2}\right)^2 = 2.25 > \left(\dfrac{3}{\sqrt{5}}\right)^2 = 1.8 > \left(\dfrac{\sqrt{5}}{3}\right)^2 = 0.5556 > \left(\dfrac{2}{3}\right)^2 = 0.4444$ $\therefore$ 最大為 $\dfrac{3}{2}$，最小為 $\dfrac{2}{3}$
4-13	$\left(\dfrac{\sqrt{3}}{2}\right)^2 = \dfrac{3}{4} = 0.75$ $\left(\dfrac{3}{\sqrt{2}}\right)^2 = \dfrac{9}{2} = 4.5$ $\left(\dfrac{4}{3}\right)^2 = \dfrac{16}{9} = 1.7778$ $\left(\dfrac{3\sqrt{2}}{\sqrt{5}}\right)^2 = \dfrac{18}{5} = 3.6$ $\left(\dfrac{3}{\sqrt{2}}\right)^2 = 4.5 > \left(\dfrac{3\sqrt{2}}{\sqrt{5}}\right)^2 = 3.6 > \left(\dfrac{4}{3}\right)^2 = 1.7778 > \left(\dfrac{\sqrt{3}}{2}\right)^2 = 0.75$ $\therefore$ 最大為 $\dfrac{3}{\sqrt{2}}$，最小為 $\dfrac{\sqrt{3}}{2}$

根號的進階運算

4-14

$$\left(\frac{\sqrt{5}}{2}\right)^2 = \frac{5}{4} = 1.25$$

$$\left(\frac{\sqrt{6}}{3}\right)^2 = \frac{6}{9} = 0.6667$$

$$\left(\frac{\sqrt{7}}{4}\right)^2 = \frac{7}{16} = 0.4375$$

$$\left(\frac{\sqrt{8}}{5}\right)^2 = \frac{8}{25} = 0.32$$

$$\left(\frac{\sqrt{5}}{2}\right)^2 = 1.25 > \left(\frac{\sqrt{6}}{3}\right)^2 = 0.6667 > \left(\frac{\sqrt{7}}{4}\right)^2 = 0.4375 > \left(\frac{\sqrt{8}}{5}\right)^2 = 0.32$$

$$\therefore 最大為 \frac{\sqrt{5}}{2}，最小為 \frac{\sqrt{8}}{5}$$

1.1   (1) $(-5)^2$ (2) $(11)^2 =$

1.2   (1) $(18)^2 =$ (2) $(-17)^2 =$

1.3   (1) $(-9)^2 =$ (2) $(-16)^2 =$

1.4   (1) $\sqrt{144} =$ (2) $-\sqrt{225} =$

1.5   (1) $\sqrt{81} =$ (2) $-\sqrt{289} =$

1.6   (1) $-\sqrt{256} =$ (2) $-\sqrt{169} =$

1.7   (1) $\sqrt{(31)^2} =$ (2) $\sqrt{(-25)^2} =$

1.8   (1) $-\sqrt{(24)^2} =$ (2) $\sqrt{(-51)^2} =$

1.9   (1) $-\sqrt{(131)^2} =$ (2) $\sqrt{(63)^2} =$

1.10   (1) 400 的平方根是多少？

(2) 196 的平方根是多少？

1-11
(1) 361 的平方根是多少？

(2) 64 的平方根是多少？

1-12
(1) 324 的平方根是多少？

(2) 121 的平方根是多少？

1-13
(1) 8 是_____的平方根。

(2) −7 是_____的平方根。

1-14
(1) −15 是_____的平方根。

(2) 13 是_____的平方根。

1-15
(1) $\left(\sqrt{6}\right)^2$

(2) $\left(8^{\frac{1}{2}}\right)^2 =$

1-16
(1) $\left(\sqrt{7^2}\right)^2 =$

(2) $\left(-\sqrt{9}\right)^2 =$

1-17
$5\sqrt{2} + 8\sqrt{2} =$

1-18
$4\sqrt{3} - 7\sqrt{3} =$

1-19
$-6\sqrt{3} - 4\sqrt{3} =$

1-20
$\left(\sqrt{2} + \sqrt{5}\right) - \left(2\sqrt{2} - 3\sqrt{5}\right) =$

1.21 $(-7\sqrt{2}+\sqrt{3})+(5\sqrt{2}-4\sqrt{3})=$

1.22 $(4\sqrt{3}-\sqrt{5})-(8\sqrt{3}+6\sqrt{5})=$

第四章　總複習習題解答

題目	解答	題目	解答
1-1	(1) 25 (2) 121	1-2	(1) 324 (2) 289
1-3	(1) 81 (2) 256	1-4	(1) 12 (2) −15
1-5	(1) 9 (2) −17	1-6	(1) −16 (2) −13
1-7	(1) 31 (2) 25	1-8	(1) −24 (2) 51
1-9	(1) −131 (2) 63	1-10	(1) ±20 (2) ±14
1-11	(1) ±19 (2) ±8	1-12	(1) ±18 (2) ±11
1-13	(1) 64 (2) 49	1-14	(1) 225 (2) 169
1-15	(1) 6 (2) 8	1-16	(1) 49 (2) 9
1-17	$13\sqrt{2}$	1-18	$-3\sqrt{3}$
1-19	$-10\sqrt{3}$	1-20	$-\sqrt{2}+4\sqrt{5}$
1-21	$-2\sqrt{2}-3\sqrt{3}$	1-22	$-4\sqrt{3}-7\sqrt{5}$

四則運算

第五章
比與比例

5.1 節　**比與比值的定義**

我們日常生活中，常會有比例的觀念。例如：我們一個班上有三十位男生，十位女生，我們會說男生與女生的比例是 30：10。例如：一人的身高是 182 公分，體重 78 公斤，則他的身高與體重的比是 182：78。例如：某物件的重量是 35 公斤，它的價值是 175 元，則某物件的重量和價值比是 35：175。

以上是比的一些日常生活的例子，以下是比與比值的定義。

例如：$30：10 = \dfrac{30}{10} = \dfrac{3}{1}$

例如：$182：78 = \dfrac{182}{78} = \dfrac{26 \times 7}{26 \times 3} = \dfrac{7}{3}$

例如：$35：175 = \dfrac{35}{175} = \dfrac{35 \times 1}{35 \times 5} = \dfrac{1}{5}$

1. 比：兩個數 a 與 $b\,(b \neq 0)$ 的比記作「$\dfrac{a}{b}$」，a 叫做比的前項，b 叫做比的後項。

2. 比值：前項除以後項所得的商，叫做這個比的比值，$a:b$ 的比值是 $\dfrac{a}{b}$。

$$a:b = a \div b = \dfrac{a}{b}$$

(1)前項與後項是整數時，先將比寫成分數，再約分，化為最簡整數比值；或同除以兩項的最大公因數。

例如：$40:800 = \dfrac{40}{800} = \dfrac{40 \div 40}{800 \div 40} = \dfrac{1}{20}$

例如：$20:200=\dfrac{20}{200}=\dfrac{20\div20}{200\div20}=\dfrac{1}{10}$

例如：$50:600=\dfrac{50}{600}=\dfrac{50\div50}{600\div50}=\dfrac{1}{12}$

(2)前項與後項是分數時，用第二章的分數來計算。

例如：$\dfrac{3}{10}:\dfrac{6}{5}=\dfrac{3}{10}\div\dfrac{6}{5}=\dfrac{3}{10}\times\dfrac{5}{6}=\dfrac{1}{4}$

例如：$\dfrac{12}{5}:\dfrac{9}{10}=\dfrac{12}{5}\div\dfrac{9}{10}=\dfrac{12}{5}\times\dfrac{10}{9}=\dfrac{4\times2}{1\times3}=\dfrac{8}{3}$

例如：$\dfrac{8}{3}:\dfrac{4}{6}=\dfrac{8}{3}\div\dfrac{4}{6}=\dfrac{8}{3}\times\dfrac{6}{4}=\dfrac{4}{1}$

例如：$\dfrac{7}{5}:\dfrac{21}{10}=\dfrac{7}{5}\div\dfrac{21}{10}=\dfrac{7}{5}\times\dfrac{10}{21}=\dfrac{2}{3}$

(3)前項與後項是小數時，先化成整數或分數，再化簡。

例如：$2.8:3.6=\dfrac{2.8\times10}{3.6\times10}=\dfrac{28}{36}=\dfrac{7}{9}$

例如：$5.6:1.6=\dfrac{5.6\times10}{1.6\times10}=\dfrac{8\times7}{8\times2}=\dfrac{7}{2}$

例如：$3.6:2.4=\dfrac{3.6\times10}{2.4\times10}=\dfrac{36}{24}=\dfrac{12\times3}{12\times2}=\dfrac{3}{2}$

例如：$7.8:4.2=\dfrac{7.8\times10}{4.2\times10}=\dfrac{78}{42}=\dfrac{6\times13}{6\times7}=\dfrac{13}{7}$

(4)當前項與後項是同類量時，先化成相同的單位後，再去掉單位，最後求出比值。

例如：求下各式的比值

600 公克：1 公斤＝600 公克：1000 公克＝600÷200：1000÷200＝3：5＝$\dfrac{3}{5}$

$$1 \text{小時} 20 \text{分} : 2 \text{小時} = 80 \text{分} : 120 \text{分} = 80 \div 40 : 120 \div 40 = 2 : 3 = \frac{2}{3}$$

例 題

1.1 敏敏與小淳一起去買小披薩，兩個人各自買了一個，敏敏把他自己的披薩切成三等分，小淳則是切成六等分，敏敏吃了自己所切的 1 塊，小淳吃自己所切的 2 塊，則他們兩個人吃的一樣多嗎？

詳解：

敏敏吃掉的部分與整個披薩的比為 1：3

小淳吃掉的部分與整個披薩的比為 2：6

因為 1：3 與 2：6 的比值都是 $\frac{1}{3}$，所以這兩個的比相等

即 1：3 與 2：6，所以兩個人都吃了 $\frac{1}{3}$ 的披薩，所以吃得一樣多。

1.2 阿光的 3 匙茶葉加入 300c.c.的熱開水中與大雄的 5 匙茶葉加入 500c.c.的熱開水中濃度是否相同？

詳解：

阿光 $3：300 = \frac{3}{300} = \frac{1}{100}$

大雄 $5：500 = \frac{5}{500} = \frac{1}{100}$

因為兩個人的比值相同，所以 3：300＝5：500，濃度相同。

答：濃度相同。

1.3 阿嗲及小紅泡可可喝，阿嗲將 3 匙可可粉加入 250c.c.的熱開水中，小紅則將 5 匙可可粉加入 450c.c.的熱開水中，請問他們泡出來的可可濃度是否相同？

詳解：

阿嗲 $3：250 = \dfrac{3}{250}$

小紅 $5：450 = \dfrac{5}{450} = \dfrac{1}{90}$

因為 $\dfrac{3}{250} \neq \dfrac{1}{90}$，所以兩杯濃度不同。

答：濃度不同。

1.4 下面各題中的兩個比相等嗎？是說明理由。

(1)$3：4$ 和 $12：15$　　(2)$8：7$ 和 $\dfrac{2}{3}：\dfrac{7}{12}$

詳解：

(1)$3：4$ 和 $12：15$

$3：4$ 的比值 $= \dfrac{3}{4}$

$12：15$ 的比值 $= \dfrac{12}{15} = \dfrac{4}{5}$

因為 $\dfrac{3}{4} \neq \dfrac{4}{5}$，所以兩個的比值不相同。

答：兩個比不相等。

(2)$8：7$ 和 $\dfrac{2}{3}：\dfrac{7}{12}$

$8：7$ 的比值 $= \dfrac{8}{7}$

$\dfrac{2}{3}：\dfrac{7}{12}$ 的比值 $= \dfrac{2}{3} \div \dfrac{7}{12} = \dfrac{2}{3} \times \dfrac{12}{7} = \dfrac{8}{7}$

因為 $\dfrac{8}{7} = \dfrac{8}{7}$，所以兩個比值相同。

答：兩個比相等。

1-5 兩個比 $60:35$ 與比值 $24:14$ 是不是相同？

詳解：

$$60:35 = \frac{60}{35} = \frac{12}{7}$$

$$24:14 = \frac{24}{14} = \frac{12}{7}$$

因為兩個比值均為 $\frac{12}{7}$，所以相同。

答：相同。

1-6 兩個比 $75:35$ 與比值 $35:15$ 是不是相同？

詳解：

$$75:35 = \frac{75}{35} = \frac{5\times15}{5\times7} = \frac{15}{7}$$

$$35:15 = \frac{35}{15} = \frac{5\times7}{5\times3} = \frac{7}{3}$$

因為 $\frac{15}{7} \neq \frac{7}{3}$，所以兩個比值不同。

答：不同。

1-7 兩個比 $90:35$ 與 $70:15$ 比值是不是相同？

詳解：

$$90:35 = \frac{90}{35} = \frac{5\times18}{5\times7} = \frac{18}{7}$$

$$70:15 = \frac{70}{15} = \frac{5\times14}{5\times3} = \frac{14}{3}$$

兩個比值不同。

答：不同。

1-8 某 A 國旗長度與寬度的比是 150：100，某 B 國旗長度與寬度的比是 100：75，請問兩國旗的比值是否相同？

詳解：

A 國旗 $=150：100=3：2=\dfrac{3}{2}$

B 國旗 $=100：75=4：3=\dfrac{4}{3}$

因 $\dfrac{3}{2}\neq\dfrac{4}{3}$，兩國旗的比值不同

答：比值不同。

1-9 將下列各比化為比值。

(1) 8：28 (2) $2\dfrac{2}{5}：\dfrac{2}{3}$ (3) 20 公分：3 公尺

詳解：

(1) $\dfrac{8}{28}=\dfrac{2}{7}$

(2) $2\dfrac{2}{5}\div\dfrac{2}{3}=\dfrac{12}{5}\times\dfrac{3}{2}=\dfrac{18}{5}$

(3) 20 公分：3 公尺 $=20$ 公分：300 公分 $=\dfrac{20公分}{300公分}=\dfrac{1}{15}$

答：(1) $\dfrac{2}{7}$ (2) $\dfrac{18}{5}$ (3) $\dfrac{1}{15}$

1-10 求下列各比的比值：

(1) 30：56 (2) 3.6：2.4 (3) 1.25 公斤：2000 公克

答：(1) $\dfrac{15}{28}$ (2) $\dfrac{3}{2}$ (3) $\dfrac{5}{8}$

四則運算

1-11 將下列各比化為整數比值。

$(1)24:28(2)2\dfrac{2}{5}:1\dfrac{5}{7}(3)2.8:3.6$

詳解：

$(1)24:28=24\div4:28\div4=6:7=\dfrac{6}{7}$

$(2)\,2\dfrac{2}{5}:1\dfrac{5}{7}=2\dfrac{2}{5}\div1\dfrac{5}{7}=\dfrac{12}{5}\div\dfrac{12}{7}=\dfrac{12}{5}\times\dfrac{7}{12}=7:5=\dfrac{7}{5}$

$(3)2.8:3.6=2.8\times10:3.6\times10=28\div4:36\div4=7:9=\dfrac{7}{9}$

1-12 將下列各比化為整數比值：$(1)39:26(2)2.5:4.5(3)\dfrac{12}{5}:\dfrac{9}{10}$

詳解：

$(1)39:26=39\div13:26\div13=3:2=\dfrac{3}{2}$

$(2)2.5:4.5=2.5\times10:4.5\times10=25\div5:45\div5=5:9=\dfrac{5}{9}$

$(3)\,\dfrac{12}{5}:\dfrac{9}{10}=\dfrac{12}{5}\div\dfrac{9}{10}=\dfrac{12}{5}\times\dfrac{10}{9}=8:3=\dfrac{8}{3}$

1-13 哥哥與妹妹身高比 $175:160$，請求比值？

詳解：

$175:160=\dfrac{175}{160}=\dfrac{35}{32}$

答：比值 $\dfrac{35}{32}$。

1.14 將一筆錢分給甲與乙兩個人，甲及乙所得錢數比為 $220:550$，求甲與乙錢數比的比值。

詳解：

$$220:550 = \frac{220}{550} = \frac{220 \div 110}{550 \div 110} = \frac{2}{5}$$

答：比值 $\frac{2}{5}$。

1.15 A 水杯裝水為 1000c.c.，B 水杯裝水 2500c.c.，若將 B 水杯的水 400c.c.倒入 A 水杯中（A 水杯未滿），請問兩水杯水量調整後的最簡比值為何？

倒水後 A 水杯：倒水後 B 水杯 $= (1000+400):(2500-400)$
$= 1400:2100$

$$1400:2100 = \frac{1400 \div 700}{2100 \div 700} = \frac{2}{3}$$

答：兩水杯水量調整後的容量比值為 $\frac{2}{3}$。

1.16 將一筆錢分給 A，B 兩人，A 及 B 得到的錢是 35 塊與 20 塊，若 A 分 5 塊給 B，則分完後的最簡比值為何？

詳解：

分後 A 的錢：分後 B 的錢 $= (35-5):(20+5) = 30:25$

$$30:25 = \frac{30}{25} = \frac{30 \div 5}{25 \div 5} = \frac{6}{5}$$

答：分完後的最簡比值為 $\frac{6}{5}$。

1.17 父子兩人現在年齡分別為 49 和 14 歲，問五年後父子年齡最簡比值為何？

詳解：

五年後父親年齡：五年後兒子年齡 $= (49+5):(14+5) = 54:19$

答：五年後父子年齡最簡比值為 $\frac{54}{19}$。

1-18 小不點調製一顏料使用黃色及紅色的量為 10 克及 12 克，此顏色現在加入黃色 2 克及紅色 3 克，請問加入顏料後黃色及紅色顏料的最簡比值為何？

詳解：

加入黃色 2 克：加入紅色 3 克 $=(10+2):(12+3)=12:15$

$12:15=\dfrac{12}{15}=\dfrac{12\div3}{15\div3}=\dfrac{4}{5}$

答：加入顏料後黃色及紅色顏料的最簡比值為 $\dfrac{4}{5}$

1-19 兄弟二人現在存款分別為 300 及 200 元，若哥哥一天賺 10 塊，弟弟一天賺 8 塊，問一年後(假日不扣除，且以每年 365 天計)兄弟二人存款最簡比值為何？

詳解：

一年後哥哥存款為 $300+10\times365=3950$

一年後弟弟存款為 $200+8\times365=3120$

一年後兄弟二人存款比值為 $3950:3120=\dfrac{3950\div10}{3120\div10}=\dfrac{395}{312}$

答：一年後兄弟二人存款的最簡比值為 $\dfrac{395}{312}$

1-20 甲小人國的男生及女生人口數比為 39：36，乙小人國的男生及女生

人口數比為 45：40，問甲乙兩個小人國的男女生比例是否相同？

詳解：

甲小人國 $=39:36=\dfrac{39\div3}{36\div3}=\dfrac{13}{12}$

乙小人國 $=45:40=\dfrac{45}{40}=\dfrac{45\div5}{40\div5}=\dfrac{9}{8}$

因為 $\dfrac{13}{12}\neq\dfrac{9}{8}$，所以比例不相同。

答：甲乙兩個小人國的男女生比例不相同。

1.**1** 化為最簡整數比，$25 : 30 =$

1.**2** 化為最簡整數比，$0.15 : 0.45 =$

1.**3** 化為最簡整數比，$1\frac{4}{7} : \frac{9}{2} =$

1.**4** 化為最簡整數比，$18 : 30 =$

1.**5** 化為最簡整數比，$\frac{9}{2} : 3 =$

1.**6** 化為最簡整數比，$3.8 : 1.9 =$

1.**7** 化為最簡整數比，$5 : 2.35 =$

1.**8** 化為最簡整數比，$7 : 0.35 =$

1.**9** 化為最簡整數比，$28 : 49 =$

1.**10** 化為最簡整數比，$(3 - \frac{2}{3}) : (4 + \frac{1}{4}) =$

1.**11** 化為最簡整數比，$\frac{3}{5} : \frac{5}{8} =$

1.**12** 化為最簡整數比，$\frac{3}{7} : \frac{3}{8} =$

1.13 化為最簡整數比，$1\frac{1}{5} : \frac{6}{7} =$

1.14 $36 : 24$ 的比值為_____。

1.15 4 秒：3 分的比值為_____。

1.16 $(\frac{3}{8}) : (-4)$ 的比值為_____。

1.17 $8 : 5.6$ 的比值為_____。

1.18 求 $3.5 : 20$ 的比值為_____。

1.19 求 $36 : 20$ 的比值為_____。

1.20 求比，$\frac{8}{3} : \frac{2}{9} =$

1.21 求比，$\frac{7}{6} : \frac{1}{3} =$

1.22 哥哥與妹妹身高比為 $180 : 165$，請求最簡比值？

1.23 某 A 國旗長度與寬度的比是 $100 : 75$，B 國旗長度與寬度的比是 $75 : 25$。

請問兩國旗的比值是否相同？

1.24 將一筆錢分給姊姊與妹妹兩個人，姊姊及妹妹所得錢數比為 $500 : 350$，求姊姊及妹妹所得錢數比的最簡比值。

1-25 甲乙兩條繩子，甲繩子長為 24 公分，乙繩子長為 60 公分，請問他們的最簡比 = _____ 。

1-26 兄弟二人現在存款分別為 230 元及 360 元，若哥哥一天賺 5 塊，弟弟一天賺 3 塊，問三十天後(假日不扣除)兄弟二人存款最簡比為何？

1-27 A 小人國的男生及女生人口數比 39：26，B 小人國的男生及女生人口數比為 40：35，問甲乙兩個小人國的男女比例是否相同？

1-28 一杯糖水含糖的重量為 20 克，水的重量為 120 克，若今再將糖加入 10 克，水加入 20 克，試問加完後比例是否和未加前相同？

1-29 手工餅乾需要用到麵粉 1 公斤及糖 0.35 公斤，請問若今麵粉使用 15 公斤及糖 4.5 公斤，比例是否相同？

1-30 原快樂國中二、三年級的學生，男女生人數分別為 1800 及 1350 人，若這學期新生男生有 300 人，女生有 250 人，則新生加入後的男女生之最簡比例為何？

1-31 某醫院，病患男生人數與女生人數分別為 682 及 434 人，若今天多了男病患 18 人，女病患 16 人，則增加病患的比例為何？

1-32 媽媽給小乖零用錢，5 元硬幣 9 個及 10 元硬幣 13 個，若爸爸今天再給他零用錢 5 元硬幣 3 個及 10 元硬幣 5 個，則小乖的最後的零用錢 5 元硬幣及 10 元硬幣個數之最簡比例為？

1-33 爸爸給弟弟零用錢，百元鈔 5 張及千元鈔 1 張，若爺爺今天再給他零用錢百元鈔 3 張及仟元鈔 2 張，則弟弟的最後的零用錢百元鈔及千元鈔張數之最簡比例為？

四則運算

1.34 妙妙跟菁菁各有一塊相同大小的蛋糕，妙妙吃掉蛋糕的 $\frac{1}{3}$，菁菁吃掉蛋糕的 $\frac{3}{6}$，則妙妙及菁菁吃掉蛋糕的比例是否相同？

1.35 阿土跟小柏各有一塊相同大小的土地，現在要翻土耕種，阿土已經翻了土地的 $\frac{1}{3}$，小柏已經翻了土地的 $\frac{2}{9}$，則阿土跟小柏已經翻完的吐的比例是否相同？

1.36 一條繩長 50 公分，分成兩段，30：20，今將兩條繩子圍成兩個圓形，問圓形的面積比＝＿＿＿＿＿＿＿。

1.37 預拌水泥車中水泥重 600 公斤及砂石重 500 公斤，若預拌水泥現在加入水泥 100 公斤及砂石 75 公斤，請問加入後的水泥及砂石的最簡比例為何？

1.38 欣欣及敏敏二人現在存款分別為 1000 及 900 元，若欣欣一天存 10 塊，敏敏一天存 11 塊，問十天後(假日不扣除)二人存款最簡比為何？

1.39 父子兩人現在年齡分別為 35 及 13 歲，問十年後父子年齡最簡比值為何？

習題解答

習題	解答	習題	解答
1-1	5 : 6	1-2	1 : 3
1-3	22 : 63	1-4	3 : 5
1-5	3 : 2	1-6	2 : 1
1-7	100 : 47	1-8	20 : 1
1-9	4 : 7	1-10	28 : 51
1-11	24 : 25	1-12	8 : 7
1-13	7 : 5	1-14	$\dfrac{3}{2}$
1-15	$\dfrac{1}{45}$	1-16	$-\dfrac{3}{32}$
1-17	$\dfrac{10}{7}$	1-18	$\dfrac{7}{40}$
1-19	$\dfrac{9}{5}$	1-20	12 : 1
1-21	7 : 2	1-22	$\dfrac{12}{11}$
1-23	否	1-24	$\dfrac{10}{7}$
1-25	2 : 5	1-26	38 : 45
1-27	否	1-28	否
1-29	否	1-30	21 : 16
1-31	14 : 9	1-32	2 : 3
1-33	8 : 3	1-34	否
1-35	否	1-36	9 : 4
1-37	28 : 23	1-38	110 : 101
1-39	$\dfrac{45}{23}$		

四則運算

254

5.2 節　比例式

比值與倍數

甲、乙為兩數，且甲$\neq 0$，乙$\neq 0$

(1) 若甲為乙的 $\dfrac{a}{b}$ 倍，甲與乙的比值為 $\dfrac{a}{b}$，乙為基準量(乙的比值是 1)，則甲：乙$=\dfrac{a}{b}:1=a:b$

　　例如：男生人數是女生人數的 $\dfrac{2}{3}$ 倍

　　男生人數：女生人數$=\dfrac{2}{3}:1=\dfrac{2}{3}=2:3$

(2) 若甲：乙$=a:b$，則甲是乙的 $\dfrac{a}{b}$ 倍。

　　例如：男生人數：女生人數$=4:5$，男生人數是女生人數的 $\dfrac{4}{5}$ 倍。

比與比例式的應用題型

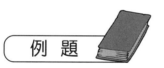

2.1 在 200 個水蜜桃中有 20 個是爛的，那麼

(1)爛水蜜桃數與水蜜桃總數的比，記做＿＿＿＿＿。

(2)20：200 的比值＝＿＿＿＿＿。

(3)爛水蜜桃的個數佔全部水蜜桃的個數的＿＿＿＿＿。

(4)平均每＿＿＿＿＿個水蜜桃中，就有＿＿＿＿＿個水蜜桃是爛的。

詳解：

(1)20：200　(2)$\dfrac{1}{10}$　(3)$\dfrac{1}{10}$　(4)10，1

2.2 在明星國小中共有師生 2457 人，在全校身體檢查時，發現有 117 人有過重，那麼

(1) 該校有過重的師生人數與全體師生人數的比是_____：

_____。

(2) 過重的人數佔全體師生的_____。

(3) 這個比的比值是_____。

(4) 平均每_____個人中，就有一個人有過重的情形發生。

詳解：

(1) 117，2457　(2) $\dfrac{117}{2457}$　(3) $\dfrac{117}{2457} = \dfrac{1}{21}$　(4) 21。

2.3 健康國中有 2852 位學生，其中有 713 個同學近視，

(1) 近視學生人數與全體學生的比是_____：_____。

(2) 近視人數佔全校學生人數的_____。

(3) 也就是說全校學生中，平均每_____個人就有 1 人有近視。

詳解：

(1) 713：2852　(2) $\dfrac{713}{2852} = \dfrac{1}{4}$　(3) 平均每個 4 人就有 1 人近視。

2.4 一年丁班有男生 26 人，女生 13 人，那麼

(1) 男生人數與女生人數的比是_____：_____。

(2) 男生人數與全班人數的比是_____：_____。

(3) 女生人數與全班人數的比是_____：_____。

(4) 男生人數是全班人數的_____倍，26：39 的比值是_____。

(5) 女生人數是全班人數的_____倍。

(6) 全班同學中平均每_____人就有_____個男生，_____個女生。

詳解：

(1) 男生人數與女生人數的比是 26：13。

(2) 男生人數與全班人數的比是 26：(26+13)=26:39。

(3) 女生人數與全班人數的比是 13：39。

(4)男生人數是全班人數的 $\frac{2}{3}$ 倍，$26:39$ 的比值是 $\frac{2}{3}$。

(5)女生人數是全班人數的 $\frac{1}{3}$ 倍。

(6)全班同學中平均每 3 人就有 2 個男生，1 個女生。

2-5 一面懸掛在旗竿上的國旗，其長為 90 公分，寬為 60 公分。

長與寬的比是_____：_____。

長是寬的_____倍。

詳解：

這面國旗的長與寬的比是 $90:60$。

長是寬的 $90 \div 60 = \frac{90}{60} = \frac{3}{2}$。

答：$(1)\,90:60$　$(2)\,\dfrac{3}{2}$。

2-6 一粒綜合維他命，每一粒含有維他命 A150 毫克，維他命 B400 毫克，維他命 C120 毫克，那麼

維他命 A 是維他命 B 的_____倍。

維他命 B 是維他命 C 的_____倍。

維他命 C 是維他命 A 的_____倍。

詳解：

(1) 這種維他命所含維他命 A 與維他命 B 的比是 $150:400$，比值是 $150 \div 400 = \frac{3}{8}$，也就是說所含的維他命 A 是維他命 B 的 $\frac{3}{8}$ 倍。

(2) 維他命 B 與維他命 C 的比是 $400:120$，比值是 $400 \div 120 = \frac{10}{3}$。

也就是說所含的維他命 B 是維他命 C 的 $\frac{10}{3}$ 倍。

(3) 維他命 C 與維他命 A 的比是 $120:150$，比值是 $120 \div 150 = \frac{4}{5}$，

也就是說所含的維他命 C 是維他命 A 的 $\frac{4}{5}$ 倍。

2-7 圖 3-1 中，線段 AB（記做 $\overline{AB}$）長 10 公分（$\overline{AB} = 10$ 公分），C 點將線段 AB 分成兩小段，線段 AC 長 2 公分（即 $\overline{AC} = 2$ 公分），線段 CB 長 8 公分（記做 $\overline{CB} = 8$ 公分）。

圖3-1

那麼 $\overline{AC} : \overline{CB} = 2 : 8$ 它的比值是 $2 \div 8 = \dfrac{2}{8} = \dfrac{1}{4}$

$\overline{AC} : \overline{AB} = 2 : 10$，它的比值是 $2 \div 10 = \dfrac{2}{10} = \dfrac{1}{5}$

$\overline{CB} : \overline{AB} = 8 : 10$ 它的比值是 $8 \div 10 = \dfrac{8}{10} = \dfrac{4}{5}$

2-8 (1)小郭在 40 次的投球中，投進 25 球，那麼小郭投進球數與投球次數比是_____。

(2)小郭的命中率是_____。（命中率＝投進球數÷全部投球數）

(3)小李在 20 次的投球中，投進 12 球，那麼小李投進球數與投球次數比是_____。

(4)小李的命中率是_____。（命中率＝投進球數÷全部投球數）

(5)誰的投球命中率是最高？

詳解：

(1) $25 : 40$

(2) $25 \div 40 = \dfrac{25}{40} = \dfrac{5}{8}$

(3) $12 : 20$

(4) $12 \div 20 = \dfrac{12}{20} = \dfrac{3}{5}$

(5)因為 $\dfrac{5}{8} > \dfrac{3}{5}$，也就是說小郭的投球命中率比小李的投球命中率高。

2-9 有兩個正方形，它們的邊長各是 5 公分和 3 公分。

(1) 大正方形的邊長與小正方形的邊長的比是多少？比值是多少？大正方形邊長是小正方形邊長的幾倍？

(2) 大正方形的周長與小正方形的周長的比是多少？比值是多少？大正方形周長是小正方形周長的幾倍？

(3) 大正方形的面積與小正方形的面積的比是多少？比值是多少？大正方形面積是小正方形面積的幾倍？

詳解：

正方形的邊長比為 $a:b$，則(1)周長比 $=a:b$ (2)面積比 $=a^2:b^2$

邊長比 $=5:3$，比值 $=\dfrac{5}{3}$，大正方形邊長是小正方形邊長的 $\dfrac{5}{3}$ 倍，

在正方形的情況下，周長 $=$ 邊長 $\times 4$，

周長比 $=\dfrac{4\times 5}{4\times 3}=\dfrac{5}{3}$，比值 $=\dfrac{5}{3}$，所以大正方形周長是小正方形周長的 $\dfrac{5}{3}$ 倍

面積比 $=5^2:3^2=25:9$，比值 $=\dfrac{25}{9}$，大正方形面積是小正方形面積的 $\dfrac{25}{9}$ 倍

答：(1)$5:3$，$\dfrac{5}{3}$，$\dfrac{5}{3}$　(2)$5:3$，$\dfrac{5}{3}$，$\dfrac{5}{3}$　(3)$25:9$，$\dfrac{25}{9}$，$\dfrac{25}{9}$。

2-10 甲每小時走 2.5 公里路，乙每 3 小時走 7 公里路，則甲的速率：乙的速率 $=$ _____ 。

詳解：

$2.5:\dfrac{7}{3}=\dfrac{25}{10}:\dfrac{7}{3}=\dfrac{5}{2}\times\dfrac{3}{7}=\dfrac{15}{14}=15:14$

答：$15:14$

2-11 從 A 鎮到 B 鎮的距離為 2 公里，小花要花 3.8 小時可到，小健要花 $2\frac{2}{3}$ 小時可到，則小花和小健的速率比為_____，比值為_____。

詳解：

$$\frac{2}{3.8} : \frac{2}{2\frac{2}{3}} = \frac{20}{38} \div \frac{2}{\frac{8}{3}} = \frac{20}{38} \div (2 \div \frac{8}{3}) = \frac{20}{38} \div (2 \times \frac{3}{8})$$

$$= \frac{20}{38} \div (\frac{6}{8}) = \frac{20}{38} \times \frac{8}{6} = \frac{40}{57}$$

$$= 40 : 57$$

答：$(1)\, 40 : 57 \quad (2)\, \frac{40}{57}$

甲獨立做完工作需要 P 天，乙獨立做完工作需要 Q 天，則甲乙工作能力比為

$$\frac{1}{P} : \frac{1}{Q} = Q : P$$

2-12 甲獨立做完工作需要 6 天，乙獨立做完工作需要 9 天，則甲乙工作能力比為_____。

詳解：$\frac{1}{6} : \frac{1}{9} = \frac{1}{6} \div \frac{1}{9} = \frac{1}{6} \times \frac{9}{1} = 9 : 6 = 3 : 2$

答：$3 : 2$。

2-13 有 a、b 兩種果汁，價錢相同，容量都是 500c.c.，今週年為了促銷，a 果汁加容量 100c.c.，b 果汁加原容量 25%，問：

(1) a 現在的容量與 b 現在的容量比 = _____。

(2) _____ 果汁在週年慶時比較便宜。

詳解：$(1)\, a : b = (500 + 100) : 500 \times (1 + 25\%)$

$\qquad = 600 : 500 \times 1.25 = 600 : 625 = 24 : 25$

$\qquad (2)\, b$ 果汁在週年慶時比較便宜。

答：$(1)\, 24 : 25$

$\qquad (2)\, b$ 果汁在週年慶時比較便宜。

2.14 AB 兩班學生人數相同，學生參加旅遊，已知不參加的學生 A 班有 $\frac{4}{7}$，B 班參加的學生有 $\frac{3}{5}$，則兩班參加人數的最簡比為_____。

詳解：$A : B = (1 - \frac{4}{7}) : \frac{3}{5} = \frac{3}{7} : \frac{3}{5} = \frac{3}{7} \times \frac{5}{3} = \frac{5}{7} = 5 : 7$

答：$5 : 7$

2.15 已知兩個圓的圓周長比為 $2 : 7$，面積比為_____。

（圓半徑為 r，圓周長公式 $= 2\pi r$，面積公式 $= \pi r^2$）

詳解：圓周長 $2\pi r_1 : 2\pi r_2 = \frac{2\pi r_1}{2\pi} : \frac{2\pi r_2}{2\pi} = r_1 = r_2 = 2 : 7$

面積比 $= \pi r_1^2 : = \pi r_2^2 = \pi r_1^2 \div \pi r_2^2 = \frac{\pi r_1^2}{\pi r_2^2} = r_1^2 : r_2^2 = (2)^2 : (7)^2 = 4 : 49$

答：面積比為 $4 : 49$

2.16 已知某班男生和女生的比是 $3 : 2$，請問男生及女生在全班之比例。假設全班有 45 位同學，試問男生和女生各幾位。

詳解：

$$\frac{男生數}{全班同學數} = \frac{3}{3+2} = \frac{3}{5}$$

$$\frac{女生數}{全班同學數} = \frac{2}{3+2} = \frac{2}{5}$$

$$男生數 = 45 \times \frac{3}{5} = 27$$

$$女生數 = 45 \times \frac{2}{5} = 18$$

2.17 已知某班學生中戴眼鏡者和不戴眼鏡者的比例是 $2:1$，全班共有 36 位同學，一年以後不戴眼鏡者增加了 6 位。請問一年後多少同學戴眼鏡，多少同學不戴眼鏡。

詳解：

$$\frac{戴眼鏡同學數}{全班同學數} = \frac{2}{2+1} = \frac{2}{3}$$

$$\frac{不戴眼鏡同學數}{全班同學數} = \frac{1}{2+1} = \frac{1}{3}$$

$$戴眼鏡同學數 = 36 \times \frac{2}{3} = 24$$

$$不戴眼鏡同學數 = 36 \times \frac{1}{3} = 12$$

一年後，不戴眼鏡同學數 $= 12 + 6 = 18$
戴眼鏡同學數 $= 36 - 18 = 18$

2.18 某班喜歡數學的同學是全班同學的 $\frac{2}{3}$，假設不喜歡數學同學的數目是 18 人，請問喜歡數學的同學有多少人。

詳解：

$$\frac{不喜歡數學的同學數}{全班同學數} = 1 - \frac{2}{3} = \frac{1}{3}$$

$$全班同學數 \times \frac{1}{3} = 18$$

$$全班同學數 = 18 \div \frac{1}{3} = 18 \times \frac{3}{1} = 54$$

$$喜歡數學的同學數 = 54 \times \frac{2}{3} = 36$$

2.19 某校 300 位同學體能分為甲、乙、丙三種等級，此三種同學的比例如下：

甲等 $\dfrac{1}{4}$

乙等 $\dfrac{1}{4}$

丙等 $\dfrac{1}{2}$

一年之後，丙等同學減少 30 人，甲乙等級佔全校同學數之比例仍然相等，問此時甲、乙、丙等的同學數各為多少？

詳解：

一年以前，丙等人數 $= 300 \times \dfrac{1}{2} = 150$

現在丙等人數 $= 150 - 30 = 120$

甲等人數 + 乙等人數 $= 300 - 120 = 180$

因為甲等人數 = 乙等人數，

所以甲等人數 = 乙等人數 $= 180 \times \dfrac{1}{2} = 90$

2.20 某校有 100 人，男生佔全體同學之比例是 $\dfrac{2}{5}$，問女生多少人？

詳解：

女生佔全體學生之比例為 $(1 - \dfrac{2}{5}) = \dfrac{3}{5}$

女生人數 $= 100 \times \dfrac{3}{5} = 60$

2.21 某校一年級和二年級共有學生 200 人，一年級和二年級學生之比為 11：9，問各級學生人數為多少。

詳解：

$$\frac{\text{一年級學生數}}{\text{全體學生數}} = \frac{11}{11+9} = \frac{11}{20}$$

$$\frac{\text{二年級學生數}}{\text{全體學生數}} = \frac{9}{11+9} = \frac{9}{20}$$

$$\text{一年級學生數} = 200 \times \frac{11}{20} = 110$$

$$\text{二年級學生數} = 200 \times \frac{9}{20} = 90$$

2.22 某班有 100 人，其中分數分布情況如下

$$90 \rightarrow 100 \quad \frac{1}{10}$$

$$80 \rightarrow 89 \quad \frac{1}{10}$$

$$70 \rightarrow 79 \quad \frac{2}{10}$$

一學期之後 0→69 之人數增加了 $\frac{1}{6}$，90→100 以及 80→89 人數皆不變，問一學期以後，各種分布情況如何？

詳解：

$$0\rightarrow69 \text{ 佔全體人數是} \left(1 - \frac{1}{10} - \frac{1}{10} - \frac{2}{10}\right) = \frac{6}{10} = \frac{3}{5}$$

$$\text{故 } 0\rightarrow69 \text{ 人數} = 100 \times \frac{3}{5} = 60$$

$$\text{增加的人數} = 60 \times \frac{1}{6} = 10$$

0→69 增加為的人數 = 60 + 10 = 70

因為 90→100 及 80→89 人數不變，故 70→79 人數減少 10 人。

$$\text{原來 } 70\rightarrow79 \text{ 人數} = 100 \times \frac{2}{10} = 20$$

四則運算

現在 70→79 人數 $= 20 - 10 = 10$

各分數分布如下：

90→100　$\dfrac{1}{10}$（不變）

80→89　$\dfrac{1}{10}$（不變）

70→79　$\dfrac{10}{100} = \dfrac{1}{10}$

0→69　$\dfrac{70}{100} = \dfrac{7}{10}$

2-23 某班男生數是女生數的 $\dfrac{3}{2}$ 倍，求男生和女生佔全班人數之比例。

詳解：

因為男生數是女生的 $\dfrac{3}{2}$ 倍，故 $\dfrac{男生數}{女生數} = \dfrac{3}{2}$。

$$\dfrac{男生數}{全班人數} = \dfrac{3}{3+2} = \dfrac{3}{5}$$

$$\dfrac{女生數}{全班人數} = \dfrac{2}{3+2} = \dfrac{2}{5}$$

2-24 班上男生人數是女生的 $\dfrac{11}{15}$ 倍，已知全班人數為 52 人，問男生、女生各為多少？

詳解：

$$\dfrac{男生數}{全班人數} = \dfrac{11}{15+11} = \dfrac{11}{26}$$

男生人數 $= 52 \times \dfrac{11}{26} = 22$

女生人數 $= 52 - 22 = 30$

2-25　甲的收入是乙的收入的 $\dfrac{3}{2}$ 倍，已知甲的月收入是 30000 元，求乙的月收入。

詳解：

$$\frac{甲收入}{乙收入} = \frac{3}{2}$$

$$\frac{乙收入}{甲收入} = \frac{2}{3}$$

$$乙收入 = 30000 \times \frac{2}{3} = 20000$$

2-26　甲體重是乙體重的 $\dfrac{13}{17}$ 倍，問乙體重和甲體重之比例為何？假設甲體重是 52 公斤，求乙體重。

詳解：

$$\frac{乙體重}{甲體重} = \frac{1}{\dfrac{13}{17}} = \frac{17}{13}$$

$$乙體重 = 甲體重 \times \frac{17}{13} = 52 \times \frac{17}{13} = 68\,公斤$$

1. (　　) 某次籃球比賽，<u>創創</u>投 10 球進 7 球，<u>守守</u>投 20 球進 14 球，下列哪一個敘述是<u>錯誤</u>的？【90.基本學測一】

    (A) <u>創創</u>命中數與投籃數的比為 $7：10$

    (B) <u>守守</u>命中數與投籃數的比值為 $\dfrac{14}{20}$

    (C) 因為 $7：10 = 7 \times 2：10 \times 2 = 14：20$，故兩人命中率相同

    (D) 因為<u>創創</u>只投進 7 球，而<u>守守</u>投進 14 球，所以<u>守守</u>的命中率較高

解答：D

詳解：<u>創創</u>命中數與投籃數的比值為 $\dfrac{7}{10}$，<u>守守</u>命中數與投籃數的比值為 $\dfrac{14}{20}$

    $\dfrac{7}{10} = \dfrac{14}{20}$ 兩個人的比值相同。

比例式

2. (　　)<u>小格</u>想要煮一鍋 30 人份的玉米湯，他依據圖的食譜內容到市場選購材料。請問下列哪一種材料的數量買得太少？【91.基本學測一】

> 香濃玉米湯(4 人分)
> 材料：1. 玉米醬(100g)..........1.5 罐
> 　　　2. 雞蛋 ....1 個
> 　　　3. 絞肉 ....6 兩
> 　　　4. 奶油 ....10 克
> 　　　5. 清水......................半公升
> 　　　6. 鹽 ....1 小匙

(A)玉米醬(100g／罐)11 罐

(B)雞蛋 8 個

(C)絞肉 45 兩

(D)奶油 75 克

解答：A

詳解：$30 \div 4 = 7.5$

　　　(A)玉米醬 $7.5 \times 1.5 = 11.25$　　(B)雞蛋 $7.5 \times 1 = 7.5$

　　　(C)絞肉 $7.5 \times 6 = 45$　　(D)奶油 $7.5 \times 10 = 75$

3. (　　)下列四個敘述甲與乙關係的選項中，哪一個與其他三個不同？【91.基本學測一】

(A)甲是乙的 $\dfrac{b}{a}$ 倍　　(B)甲：乙 $= a:b$　　(C)甲的 a 倍等於乙的 b 倍

(D)甲：乙的比值為 $\dfrac{b}{a}$

解答：B

詳解：(A)甲是乙的 $\dfrac{b}{a}$ 倍，甲：乙的比值為 $\dfrac{b}{a}$，甲：乙 $= b:a$

　　　(C)內項乘積等於外項乘積甲 $\times a = $ 乙 $\times b$

4. (　)自強國中針對 900 個學生的上學方式進行調查，將其調查結果整理成次數分配圓面積圖，如圖。若半年後再對同一批學生作相同的調查，發現上學方式除了搭公車及家長接送的比例維持不變外，步行的學生人數減少到 350 人。請問第二次調查中騎自行車上學的學生有多少人？【91.基本學測一】

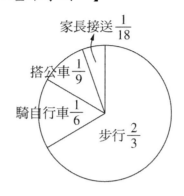

(A)250　(B)350　(C)400　(D)450

解答：C

詳解：$350 \div 900 = \dfrac{7}{18}$

$1 - \dfrac{7}{18} - \dfrac{1}{18} - \dfrac{1}{9} = \dfrac{8}{18} = \dfrac{4}{9}$

$\dfrac{4}{9} \times 900 = 400$

---

5. (　)某校一年級與二年級的學生人數比為 3：2，已知一年級的學生中，有 40%視力良好，二年級的學生中，有 30%視力良好。請問一、二年級所有學生中有多少比例的學生視力良好？【92.基本學測一】

(A)18%　(B)36%　(C)57%　(D)70%

解答：B

詳解：$\dfrac{3}{5} \times \dfrac{40}{100} + \dfrac{2}{5} \times \dfrac{30}{100} = \dfrac{36}{100}$

$\dfrac{36}{100} \times 100\% = 36\%$

6. (　) 某校有 $\frac{2}{5}$ 的學生參加大隊接力比賽，有 $\frac{1}{4}$ 的學生參加大會舞表演，

有 $\frac{1}{8}$ 的學生前兩項活動都有參加。下列何者可用來表示該校學生中

「參加大隊接力比賽卻沒有參加大會舞表演」的比例？【92.基本學測一】

(A) $1-\frac{1}{4}$　(B) $\frac{2}{5}-\frac{1}{4}$　(C) $1-\frac{1}{8}$　(D) $\frac{2}{5}-\frac{1}{8}$

解答：D

詳解：有 $\frac{2}{5}$ 參加大隊接力比賽；有 $\frac{1}{8}$ 的學生前兩項活動都有參加

$=\frac{2}{5}-\frac{1}{8}$

---

7. (　) 下圖是一個長為 8、寬為 6 的矩形。請問，下列哪一個選項中的矩形與這個矩形相似？【93.基本學測一】

(A)　　　　(B)　　　　(C)　　　　(D)

解答：D

詳解：8：6＝4：3(D)相同比例

---

8. (　) 下列哪一個選項，其比值與 5：8 的比值相等？【93.基本學測二】

(A) $(5+3)$：$(8+3)$　　(B) $(1\div5)$：$(1\div8)$

(C) $(5-1)$：$(8-1)$　　(D) (5×3)：(8×3)

解答：D

詳解：(A) $(5+3)$：$(8+3)=8$：11　　(B) $(1\div5)$：$(1\div8)=8$：5

(C) $(5-1)$：$(8-1)=4$：7　　(D) (5×3)：$(8\times3)=15$：24

9. (　　)身體質量指數(BMI)是一種判斷理想體重的參考公式，它的算法及評估程度如圖。若甲生的身高為 1.8 米，體重 80 公斤。請問下列哪一個選項可以描述甲生的身體狀況？【94.參考題本】

$$BMI = \frac{w}{h^2}$$

w：體重(公斤)，h：身高(米)，評估程度如下：
$MBI = 15\sim19.9$..........稍瘦
$MBI = 20\sim24.9$..........標準
$MBI = 25\sim29.9$..........稍胖
$MBI = 30$....................過胖

(A)稍瘦　(B)標準　(C)稍胖　(D)過胖

解答：B

詳解：$\frac{80}{1.8^2} = 24.6$ (B)標準

---

10. (　　)某段隧道全長 9 公里，有一輛汽車以每小時 60 公里到 80 公里之間的速率通過該隧道。下列何者可能是該車通過隧道所用的時間？

(A)6 分鐘　(B)8 分鐘　(C)10 分鐘　(D)12 分鐘

解答：B

詳解：$\frac{9}{60} \times 60 = 9$　　$\frac{9}{80} \times 60 = 6.75$

6.75~9 分鐘之間(B)8 分鐘

---

11. (　　)二年級學生共有 540 人，某次露營有 81 人沒有參加，則沒參加露營人數和全部二年級學生人數的比值為何？

(A)$\frac{3}{20}$　(B)$\frac{20}{17}$　(C)$\frac{17}{20}$　(D)$\frac{3}{17}$

解答：A

詳解：$81 \div 540 = \frac{81}{540} = \frac{3}{20}$

比例式

2.1 小小的貼紙張數是大大的貼紙張數是 5 倍，則大大的貼紙張數：小小的貼紙張數 = _____。

2.2 兩正方形邊長比 4：9，則面積比為_____，周長比為_____。

2.3 有 a、b 兩種果汁，價錢相同，容量都是 800c.c.，今週年為了促銷，a 果汁加容量 200c.c.，b 果汁加原容量 50%，問：

(1)a 現在的容量與 b 現在的容量比 =_____。

(2)_____果汁在週年慶時比較便宜。

2.4 AB 兩班學生人數相同，學生參加旅遊，已知不參加的學生 A 班有 $\frac{3}{8}$，B 班參加的學生有 $\frac{7}{8}$，則兩班參加人數的最簡比為_____。

2.5 已知兩個圓的圓周長比為 4：9，面積比為_____。

（圓半徑為 r，圓周長公式 $= 2\pi r$，面積公式 $= \pi r^2$）

2.6 已知兩個正方形的周長比 3：8，為面積比為_____。

2.7 小明的身高是 160 公分，某次撐竿跳測驗，他跳過 3 公尺 40 公分，則小明跳過的高度與他的身高比是_____。

2.8 市面上一種食品上片標示著：每顆含有魚油 0.7 克，橄欖油 0.2 克，那麼食品魚油與橄欖油重量的比值為_____。

2.9 甲獨立做完工作需要 6 天，乙獨立做完工作需要 8 天，則甲乙工作能力比為_____。

2.10 一瓶奶茶共有 500 毫克，含有紅茶 300 毫克，含有奶精 200 毫克，那麼

(1)紅茶的含量是奶茶的_____倍。

(2)奶精的含量是紅茶的含量_____倍。

2.11 小賴在 35 次的投球中，投進 7 球，那麼小賴投進球數與投球次數比是_____。

2.12 上題，小賴的命中率是_____。（命中率＝投進球數÷全部投球數）

2.13 甲、乙二人體重之比為 7：2，已知乙之體重為 60 公斤，問甲之體重為何？

2.14 某班男生人數是女生人數之 $\frac{5}{3}$ 倍，已知全班人數是 40 人，問男生女生各多少人？

2.15 已知甲、乙二人收入之比為 10：9，已知甲月收入為 10000 元，問乙收入為多少？

2.16 已知甲的體重是乙的體重的 $\frac{17}{15}$ 倍，問乙體重和甲體重的比為何？如甲體重為 68 公斤，求乙的體重。

2.17 男生數和女生數之比為 5：3，已知全班人數是 40 人，求男生數及女生數。

273

2.18 男生平均身高是女生身高的 $\dfrac{11}{10}$ 倍，已知男生平均身高為 176 公分，求女生平均身高。

2.19 男生數和女生數之比為 $3:5$，已知全班人數為 40，求男生數及女生數。

2.20 男生數和女生數之比為 $2:1$，已知女生數為 10 人，求男生數。又一年後，男生數減少了 5 人，女生數不變，求一年後男生及女生的比例是多少。

習題解答

習題	解答	習題	解答
2-1	1：5	2-2	16：81，4：9
2-3	(1)5：6 (2)b	2-4	5：7
2-5	16：81	2-6	9：64
2-7	17：8	2-8	$\dfrac{7}{2}$
2-9	4：3	2-10	(1)$\dfrac{3}{5}$ (2)$\dfrac{2}{3}$
2-11	1：5	2-12	$\dfrac{1}{5}$
2-13	210 公斤	2-14	男 25 人，女 15 人
2-15	9000 元	2-16	(1)15：17 (2)60 公斤
2-17	男 25 人，女 15 人	2-18	160 公分
2-19	男 15 人，女 25 人	2-20	(1)20 人 (2)3：2

比例式

275

第五章　總複習習題

5.1 求下列各比的比值：

(1) $36 : 24 =$ _____ 。

(2) $(2\ 分) : (20\ 秒) =$ _____ 。

(3) $(-\dfrac{13}{6}) : (\dfrac{6}{7}) =$ _____ 。

(4) $4\dfrac{5}{6} : 2\dfrac{3}{5} =$ _____ 。

5.2 求下列各比的最簡比：

(1) $25 : 55 =$ _____ 。

(2) $1136 : 264 =$ _____ 。

(3) $6\dfrac{5}{6} : 5\dfrac{6}{5} =$ _____ 。

(4) $7\dfrac{6}{7} : 6\dfrac{7}{6} =$ _____ 。

5.3 求下列各比的最簡比：

(1) $33 : 121 =$ _____ 。

(2) $6\ 分 : 120\ 秒 =$ _____ 。

(3) $(\dfrac{7}{6}) : (\dfrac{6}{7}) =$ _____ 。

(4) $4\dfrac{5}{6} : 5\dfrac{4}{6} =$ _____ 。

四則運算

5.4 求下列各比的最簡比：

(1)6 公升：2500 公克 = _____ 。

(2)(12 公尺)：(30 公分) = _____ 。

(3)$(\frac{9}{7})$：$(\frac{11}{8})$ = _____ 。

(4)$3\frac{5}{7}$：$4\frac{5}{9}$ = _____ 。

5.5 全班共有 45 個學生，在期末考全班共有 15 個人不及格，請求出：

(1)及格人數和全班人數比是_____，比值是_____。

(2)不及格人數和全班人數比是_____，比值是_____。

5.6 兩正方形邊長比 2：5，則面積比為_____，
周長比為_____。

5.7 一條鐵絲長 80 公分，今按 1：3 比例分成兩段圍成正方形的周長，
則這兩個正方形的周長各是_____公分和_____公分，周長
比為_____，

5.8 承上題，正方形的邊長各是_____公分和_____公分，邊長
比_____，面積的比_____。

5.9 有甲、乙兩人，甲身上的錢有 350 元，乙身上的錢有 650 元，若
甲賺了 150 元，乙賺了 100 元，則甲乙身上的錢之比例為_____
—。

5.10 年齡問題。父子兩人現在的年齡分別為 37 歲及 12 歲，三年前父
子的年齡比為何？

5-11 今年懇親會，甲、乙、丙三班各有 42 位、40 位、45 位同學，其中出席的家長有 36 位、35 位、40 位，則那一班的家長出席率最高？

5-12 年齡問題。父子兩人現在的年齡分別為 45 歲及 18 歲，十年前父子的年齡比為何？

5-13 父子兩人現在的年齡分別為 50 歲及 25 歲，十年後父子的年齡比為何？

5-14 兄弟二人弟弟買了一張遊戲點數卡花了 250 元後，哥哥也花了 350 元買了一本書，此時哥哥和弟弟兩人花掉錢的比例為何？

5-15 小傑在 50 次的投球中，投進 15 球，那麼小傑投進球數與投球次數比是_____。

5-16 上題，小傑的命中率是_____。（命中率＝投進球數÷全部投球數）

5-17 從甲地到乙地距離為 1 公里，甲走了 $1\frac{2}{7}$ 小時可到，乙走了 $1\frac{2}{9}$ 小時可到，則兩者的速率比為_____。

5-18 從 A 鎮到 B 鎮距離為 1 公里，甲走了 $3\frac{1}{3}$ 小時可到，乙走了 $5\frac{1}{5}$ 小時可到，則兩者的速率比為_____。

5-19 從台北到埔里距離為 2 公里，甲開車走了 $3\frac{1}{4}$ 小時可到，乙開車走了 $4\frac{1}{6}$ 小時可到，則兩者的速率比為_____。

5.20 阿良及小榮二人現在存款分別為 1300 及 2000 元，若阿良一天存 100 塊，小榮一天存 120 塊，問十五天後(假日不扣除)二人存款最簡比為何？

5.21 甲及乙二人現在存款分別為 10000 及 8000 元，若甲一天存 1000 塊，乙一天存 1200 塊，問五天前(假日不扣除)二人存款最簡比為何？

5.22 今年懇親會，甲、乙、丙三班各有 35 位、40 位、45 位同學，其中出席的家長有 30 位、35 位、40 位，則那一班的家長出席率最高？

總複習習題

第五章　總複習習題解答

習題	解答
5-1	(1)$\frac{3}{2}$，(2)6，(3)$-\frac{91}{36}$，(4)$\frac{145}{78}$
5-2	(1)$5:11$，(2)$142:33$，(3)$205:186$，(4)$330:301$
5-3	(1)$3:11$，(2)$3:1$，(3)$49:36$，(4)$29:34$
5-4	(1)$12:5$，(2)$40:1$，(3)$72:77$，(4)$234:287$
5-5	(1)$30:45$，$\frac{2}{3}$ (2)$15:45$，$\frac{1}{3}$
5-6	$4:25$；$2:5$
5-7	20；60；$1:3$
5-8	5；15；$1:3$；$1:9$
5-9	$2:3$
5-10	$34:9$
5-11	丙
5-12	$35:8$
5-13	$12:7$
5-14	$7:5$
5-15	$3:10$
5-16	$\frac{3}{10}$
5-17	$77:81$
5-18	$39:25$
5-19	$50:39$

5-20	14 : 19
5-21	5 : 2
5-22	丙班

專門為中學生寫的數學課本　四則運算 (2010全新修訂版)

2010年11月三版　　　　　　　　　　　定價：新臺幣280元
2024年3月三版十二刷
有著作權・翻印必究
Printed in Taiwan.

編　　　　著	李	家	同
叢 書 主 編	黃	惠	鈴
叢 書 編 輯	劉	力	銘
封 面 設 計	林	宥	蓁
內 文 排 版	陳	如	琪
校　　　閱	何	瑩	芳
	呂	雪	鶯

出　版　者　聯經出版事業股份有限公司　　　副總編輯　陳　逸　華
地　　　址　新北市汐止區大同路一段369號1樓　總　編　輯　涂　豐　恩
叢書主編電話　(02)86925588轉5305　　　　總　經　理　陳　芝　宇
台北聯經書房　台北市新生南路三段94號　　社　　長　羅　國　俊
電　　　話　(02)23620308　　　　　　發 行 人　林　載　爵
郵 政 劃 撥 帳 戶 第 0 1 0 0 5 5 9 - 3 號
郵 撥 電 話　(02)23620308
印　刷　者　世和印製企業有限公司
總　經　銷　聯合發行股份有限公司
發　行　所　新北市新店區寶橋路235巷6弄6號2F
電　　　話　(02)29178022

行政院新聞局出版事業登記證局版臺業字第0130號

本書如有缺頁，破損，倒裝請寄回台北聯經書房更換。　　ISBN　978-957-08-3706-3 (平裝)
聯經網址 http://www.linkingbooks.com.tw
電子信箱 e-mail:linking@udngroup.com

國家圖書館出版品預行編目資料

專門為中學生寫的數學課本　四則運算
（2010全新修訂版）/李家同編著 . 三版 . 新北市 .
聯經 . 2010年11月（民99年）. 296面 . 19×26公分
ISBN　978-957-08-3706-3（平裝）
[2024年3月三版十二刷]

1.數學教育　2.算數　3.運算　4.中等教育

524.32　　　　　　　　　　　　　　99020720